KB267112

KELLY REICHARDT

켈리 라이카트: 어떤 여자와 어떤 영화들

김연우 글 · 강탄우 엮음

* **일러두기**

1. 작품 제목은 모두 국내 DB 및 국내 상영 당시 제목을 따랐으며, 정식 한국어 제목이 없는 작품은 우리말로 옮겼다.

2. 영화 제목은 《 》, 시리즈 제목은 〈 〉, 도서 제목은 『 』, 잡지·책의 챕터·미술 작품 및 기타는 「 」로 묶었다.

3. 본문의 괄호 속 부연설명은 원문을 그대로 따랐으며, 모든 각주는 역주다.

INDEX

켈리 라이카트(왼쪽)와 토드 헤인즈(오른쪽) ⓒBOMB

"켈리의 영화는 보존되고 독려되어야 한다"

토드 헤인즈

1995.10.01

켈리 라이카트를 처음 만난 건《포이즌_Poison》(1991)을 만들
때였다. 켈리는 소품과 세트 담당이었다. 나는 그와 디자이너 사라
스톨먼이 영화 속 호러 파트에 등장하는 연구실에 놓을 액체가
흐르는 시험관과 연기 나는 비커를 만들던 모습을 기억한다.
켈리는 나를 웃게 했고, 우리는 지금까지도 친구로 지내고 있다.
그 후 4년이 지나도록 나는 켈리가 훌륭한 영화감독이라는 사실을
몰랐으며,《초원의 강》을 처음 보고 그 사실을 알 수 있었다. 정말
굉장한 첫 번째 영화다. 켈리를 아는 사람이라면 공감하겠지만, 이
영화에 가득한 냉소적인 유머와 철저한 자기 통제는 켈리의 성격의
핵심이다.《초원의 강》은 플로리다 교외에서 어렵게 성장한 켈리의
자전적인 이야기와 이미지로부터 비롯한 영화다. 하지만 개인적인
경험을 끌어오는 대부분의 영화와 달리,《초원의 강》은 자기 고백
드라마에서 흔히 나타나는 감상주의와 정치적 올바름을 완곡하게
거부한다. 대신 영화는 오롯이 여성들에게 초점을 맞춘다.

켈리 라이카트의 인물들은 목표가 없는 사면초가다. 그들은
'안티히어로'라는 단어에 새로운 의미를 부여한다. 그리고 영화를
만들기 위해 악전고투했던 켈리 본인도 첫 번째 영화를 만드는
감독이 대게 갖고 있는 혜택들(영화 학교의 지원, 이력서 채우기용
단편 영화, 자본과의 결탁, 또는 남근)이 전무했다. 많은 남성
감독은, 심지어 무명이더라도, 그들의 성별이 유리하다는 사실을 잘
인정하지 않으려는 것 같다. 그렇기 때문에 오늘날 독립 영화 제작의
가장 낮은 지점에서 한때 활발했던 실험영화의 분수효과도 없이
《초원의 강》 같은 영화가 제작되고 배급되는 것은 기적에 가깝다.
켈리의 영화는 고유하고 지적이기도 하지만, 이런 점 때문에라도
그의 영화는 보존되고 독려 되어야 한다. 나는 어느 오후, 트리베카에
있는 엘 테디스 레스토랑에서 그를 만나 많은 질문을 던지기로 했다.

• •

토드 헤인즈

(이하 헤인즈)

초등학교 5학년 때 당신은 어떤 사람이었나요? 그때 그 아이는
어떻게 영화감독이 되었나요?

켈리 라이카트

(이하 라이카트)

저희 어머니는 마약 단속반에서 일하셨어요. 어머니랑 아버지는
일찌감치 이혼하셨고, 아버지는 북마이애미에서 다른 이혼한 경찰
네 명이랑 같이 살고 계셨죠.

헤인즈

《초원의 강》에서 경찰들은 자신의 직업 속에 허우적거리고
있습니다. 관객이 보기엔 그들은 경찰이 될 생각도 없었던 사람들
같아요.

라이카트

제 캐릭터 '라이더'로 예를 들자면, 그는 우연히 이 일을 하게 된
사람이에요. 저희 아버지와 그분의 친구들은 모두 범죄 현장
전문가들이었어요. 범행이 일어난 후 현장에 나타나는 사람들이죠.
그들의 직업은 법을 집행하는 게 아니라 미스터리를 해결하는
거예요. 전자는 저희 어머니의 분야에 더 가깝죠.

헤인즈

처음 사진을 찍은 건 언제였어요?

라이카트

5학년과 6학년 사이 저는 아버지의 범죄 현장용 카메라를 사용했어요. 7학년 때 저는 웨스트 딕시 하이웨이에 있는 밥 리치 스쿨에서 사진 수업을 들었죠. 지금 그 자리에는 마이애미에서 제일 큰 포르노 비디오 가게가 있어요.

헤인즈

그럼 당신의 성장기에는 범죄 현장 사진이 늘 주변에 있었겠군요.

라이카트

네, 범죄 현장 사진을 모아둔 큰 노트가 있었어요. 어렸을 때 영화에 나올 법한 수사실을 자주 가보곤 했죠. 저희 아버지는 미술감독이었던 데이브 도언버그가 오래된 사무실 세트를 만드는 걸 돕기 위해 자신의 온갖 잡동사니들을 가져와 주었죠.

헤인즈

처음으로 슈퍼 8mm 영상을 만들어 본 건 언제였나요?

라이카트

저는 보스턴에 있는 박물관 학교에 진학했어요. 거기엔 작은
영화반이 있었어요. 학과라고 부를 만한 규모는 아니었어요. 10명의
학생이 내러티브 없는 슈퍼 8mm 필름을 만들었죠. 그때 저는
로드무비 삼부작을 만들었어요.

헤인즈

《초원의 강》은 어떤 아이디어에서 출발한 건가요?

라이카트

저는 제시 하트먼과 밴드 '헬멧'의 뮤직비디오를 함께 연출했어요.
비디오를 만드는 내내 제시는 마이애미에서 시나리오를 쓰고 싶다고
말했죠. 그는 어렸을 때 '초원의 강'이라는 제목의 슬라이드 쇼를
보고 에버글레이즈 국립공원*에 완전히 사로잡혀 있었어요. '초원의
강'은 에버글레이즈의 아메리카 선주민식 이름이에요. 저한테
그곳은 뭐랄까, '거기만 아니면 돼!' 이런 느낌이었어요. 마이애미에서
벗어나는 데 19년이나 걸렸는데, 다시 돌아가고 싶진 않았거든요.
어쨌든, 한 달 후 우리는 제 아버지 집에서 새어머니와 저의 12살짜리
여동생과 함께 살았어요. 매일 에버글레이즈와 브로워드 카운티

---

* 플로리다에 있는 세계에서 가장 큰 늪지대.

전역을 차로 돌아다녔죠. 우리는 로드무비 속 반항적인 캐릭터를
현대적으로 재해석하는 아이디어에 관해 이야기했어요. 90년대는
버거킹 광고 문구마저 '규칙을 깨라(Break the Rules)'였을 정도니,
모든 로드무비에 등장하는 그 고독한 반항아 캐릭터가 그런 시대에
어떻게 존재할 수 있을지 고민했죠.

헤인즈

《초원의 강》은 법을 어기고, 정의로부터 달아나고, 지명수배자가
되려는 초라한 반항 시도에 관한 영화입니다. 로맨스를 시도하려
하고, 길을 나서려 하지만 번번이 실패하죠. 《초원의 강》을 만드는
동안 떠올렸던 다른 로드무비가 있었나요?

라이카트

저는 정말 많은 로드무비를 봤어요. 그중엔 제가 사랑하는 영화도
많아요. 하지만 저는 제 영화를 그 영화들의 하위 호환으로 만들고
싶지 않았어요. 편집자 래리 페센던과 편집실에서 늦은 밤까지
대화를 나눴죠. 저는 버드 아이즈 뷰로 이 영화를 보려고 노력했어요.
우리가 뭔가를 반복하고 있는 건지, 뭔가를 덧붙이고 있는 건지
스스로에게 묻는 거죠.

헤인즈

하지만 결국 당신은 로드무비에 대해 뭔가 덧붙이고 있는 셈이에요. 당신은 고전적인 장르에 저항하면서, 그 장르의 클리셰들을 모두 따르지 않음으로써 반기를 듭니다. 이 클리셰란 ‘델마’와 ‘루이스’를 무력한 인물로 만드는 것들이죠. 캐릭터들이 뭔가를 시도할 때마다, 그들이 살아온 삶과 어디에도 속하지 못한 상태—즉 ‘림보’에 있다는 감각 때문에 모든 게 무너져버립니다. 당신은 로드무비의 기반 자체를 무너뜨린 셈이에요.

이번엔 ‘코지’에 대해 이야기해 보고 싶어요. 이 인물은 매우 담담하고 감정에 기대지 않는, 용기 있는 주인공입니다. 거리가 느껴져 때때로 속을 알 수 없는 인물이죠. 혹시 사람들이 전통적인 방식으로 그에게 공감하지 못할까 봐 걱정한 적은 없나요? 이 캐릭터는 어디서 온 건가요? 그리고 그 놀라운 배우, 리사 보우먼은 어떻게 찾게 되었나요?

라이카트

리사는 투 부츠**의 점원이었어요. 저는 그곳에서 리사를 알게 됐고, 그가 하는 예술 작업에 정말 관심이 많았죠. 저는 그에게 “내

** 뉴욕을 거점으로 하는 피자 체인 브랜드.

영화에 출연시킬 어린 버전의 당신을 찾는 중이에요”라고 말했어요.
이후 리사를 다시 만났을 때, 그는 제게 19살 때 찍은 오래된 얼굴
사진을 제게 보여줬어요. 저는 보자마자, “와, 이건 코지인데?”라고
생각했죠. 그와 똑같은 사람을 찾겠다고 다짐하며 리사의 사진을
몇 년 동안 들고 다녔어요. 그러다 하루는 로케이션 캐스팅을 위해
플로리다로 차를 끌고 가면서 더 나이가 든 코지에 관해 생각하기
시작했어요. 그때 제 나이랑 비슷한 29살쯤의 코지를요. 그 정도
나이대면 저와 더 잘 연관시킬 수 있을 것 같았고, 리사가 그 역할을
맡을 수도 있겠다 싶었죠.

헤인즈

당신은 이 캐릭터가 아이들을 버리고 떠나는 모습으로 이 캐릭터를
소개합니다. 전통적인 영화라면 이런 주인공에게 우리는 공감대를
형성하기 어렵죠. 이런 설정을 넣은 당신의 동기는 무엇이었나요?

라이카트

제 친구의 임신 과정을 보는 것이 그 동기 중 일부였어요. 친구는
한동안 아기를 원망하며 겁에 질려 있었죠. 모든 걸 내어줄
준비가 되었는지 스스로 확신하지 못했어요. 하지만 이런 내색을
조금이라도 비치면, 마치 그런 생각 자체가 불경한 일인 것처럼 주변

모든 사람이 친구를 조용히 시켰어요. "당연히 모든 걸 바쳐 사랑하게 될 거야!"라면서요.

헤인즈

당신은 코지를 좋아했나요?

라이카트.

그럼요. 저는 완전히 코지와 저를 동일시했어요. 저와 코지 모두 돌파구를 찾으려 노력하고 있었으니까요. 저는 직접 이 시나리오를 쓰고 필요한 돈도 모았지만, 매일 촬영장에 나가서 감독으로서 저의 자리를 사수해야만 했습니다. 그때 제 인생 처음으로, "아, 내가 여자라서 이런 일이 생기는구나"라고 느꼈던 순간이었어요. 저는 제 영화 속 매 숏과 싸웠고, 그건 제가 미처 준비하지 못한 일이자 매우 진 빠지는 일이었어요. 영화는 원래 다른 결말이었어요. 지금의 결말은 제가 영화 제작을 직접 경험하면서 나온 결과물이에요. 코지는 제 환상을 실현해 주려 모든 더럽고 치사한 일들의 맞은편으로 향합니다. 하지만 그곳에서 저와 코지 둘 다 훨씬 더 많은 더럽고 치사한 일들을 발견하죠.

헤인즈

수많은 수세적인 감독들은 자신을 지키기 위해 호감이 가는 캐릭터를 만들려고 노력합니다. 반면, 당신은 호감형 인물을 만들거나 관객들이 편안하게 느끼는 주인공을 만드는 모든 사소한 전통에도 반기를 듭니다. 이 부분은 놀랍도록 용감하고 강력한 부분이에요.

라이카트

그건 관객에게 휴식을 주기 위한 거예요. 특히 그 관객이 여성이라면 스스로와 연결할 수 있는 몸과 얼굴을 가진 주연을 맡은 여성을 보는 것은 휴식이죠. 아름다운 여성을 보여주는 창이 점점 더 작아지는 것만 같아요.

헤인즈

코지의 내레이션은 지나치게 꾸며지거나 감상적으로 흐르지 않고 아이러니하면서도 단순한 톤을 유지하면서 영화를 이끌어 갑니다. 저는 이 부분이 원래 시나리오에도 있었는지, 아니면 나중에 발전시킨 것인지 궁금합니다.

라이카트

나중에 추가한 부분이에요. 리사는 일주일에 딱 하루만 일을 빠질 수 있었어요. 우리는 리사와 7회 촬영했습니다. 우리가 마이애미에 있었을 때, 저는 이걸론 충분하지 않다고 느꼈어요. 저는 도입부에 일종의 전사(前史)를 넣고 싶었는데, 정확히 어떻게 해야 할지는 알지 못했어요. 그래서 저는 전혀 다른 이야기를 쓰고 그 위에 제 목소리를 입혀 보기도 했죠. 그러다 래리가 그의 필름 선반에서 뭔가를 꺼내서 보여줬어요. 그는 워낙 많은 영화를 만들었기 때문에 제가 쓴 내용에 맞는 영상을 찾아서 끼워 넣은 거죠. 결국 오프닝의 모든 장면을 사진으로 교체했지만, 슈퍼 8mm 푸티지가 하나 들어가 있긴 해요. 욕조에서 키스하는 장면인데, 래리가 오래전에 만든 슈퍼 8mm 영화의 한 장면이에요. 그 여자가 코지랑 무척 닮았거든요! 도끼가 나오는 장면은 이곳 뉴욕에 있는 제 친구의 아파트에서 찍었어요.

헤인즈

저는 이 영화에 로맨스, 감상주의, 그리고 섹스가 나오지 않는 게 정말 마음에 듭니다. 모두 여성 관객과 연관이 있는 것들이죠. 이 부분은 의도된 건가요, 아니면 그냥 이런 '유치한 짓거리'에 원래 관심이 없는 건가요?

라이카트

원래는 어떤 캐릭터든 자신에 대해 뭔가를 털어놓거나 솔직해지는
순간, 그 이야기를 듣는 사람은 아무도 없는 식으로 구성하려 했어요.
그리고 그 콘셉트는 성적인 장면들에도 그대로 이어졌죠. 사실
거의 모든 은밀한 순간이 혼자 있는 시간으로 표현됐어요. 수영장
장면만이 유일한 예외예요.

헤인즈

이 영화에서 가장 관능적인 장면은 여자가 수영장 바깥으로 기어
나와서 남자의 다리 사이를 애무하는 장면이에요. 두 사람은 총을
쥐고 있고, 물론 어떤 순간에 이르면 총이 발사되죠.

라이카트

그 장면에서 총은 실제 욕망의 대상입니다. 적어도 코지에게는
그래요.

헤인즈

그 점이 영화에서 반복되는 서사적 장치를 통해 드러나죠. 타란티노
영화처럼 총이 실제 현실과 뒤섞이는 방식이 아니라, 오히려 따옴표

속에 넣은 것처럼 의도적으로 인용된 느낌도 있어요.

《초원의 강》에는 멋지고, 모순적이고, 우아한 스타일이 스며 있습니다. 이건 사실적인 영화는 아니에요. 스타일과 리얼리즘의 대립에 관해 어떤 생각을 하고 있나요? 영화 속 리얼리티라는 개념이 당신에게 동기를 부여하나요?

라이카트

저는 정말 영화 속 리얼리즘을 좋아해요. 그게 영화를 좋아하는 이유라고 단언할 순 없지만요. 하지만 제가 가장 좋아하는 영화들은 평범함을 벗어난 욕망을 가진 평범한 사람들이 나오는 영화예요. 데니스 포터가 쓴 〈하늘에서 떨어지는 행운_Pennies from heaven_〉(1978)에 나오는 악보 세일즈맨은 레코드샵을 열기 위해 죽도록 고생하는 인물이죠. 레코드를 플레이할 때마다 밴드의 리더가 되는 환상에 빠지는 장면만 빼면, 레코드샵 창업은 그의 궁극적인 꿈이죠. 지금 리얼리즘에 관해서 물었는데 제가 왜 데니스 포터 이야기를 하고 있는지 모르겠네요.

헤인즈

그의 작품들은 완전히 인공적이죠.

라이카트

맞아요. 리얼리즘으로 돌아오자면, 제가 가장 좋아하는 건 몬티 헬만이 70년대에 만든 영화들이에요. 그는 주요 인물들을 그들의 환경과 완벽하게 통합해요. 《닭싸움꾼Cockfighter》(1974)이 좋은 예시이자 제가 《초원의 강》에서 하려고 시도했던 것들이에요. 가능하면 우리는 로케이션마다 그곳에 있는 진짜 사람들, 버스 정류장에서 일하는 노동자들이나 편의점의 캐셔를 영화에 활용하려고 시도했어요.

헤인즈

그건 촬영 방식에서도 드러나요. 외부 장면들은 길고 평평한, 정면을 향한 구도로 찍혀 있어서 마치 풍경 엽서를 보는 듯한 느낌을 줘요. 저는 그런 장면들을 무대처럼 느끼기보다는 교외의 삶을 담은 사진들처럼 느껴요. 구도는 정말 아름답지만, 건조하고 거리감이 있죠. 그 안에 들어가 있는 느낌이 아니라, 플로리다 교외의 뚜렷한 색감과 날카로운 가장자리 속에서 그들을 멀리서 관찰하는 느낌이에요.

라이카트

저도 제가 가장 잘 아는 장소를 중심으로 시나리오를 썼어요.

헤인즈

당신의 영화 제작 과정이 악몽 같았다는 걸 알고 있어요. 금전적으로, 물리적으로, 감정적으로 말이죠. 이제는 털어놓을 수 있는 끔찍한 순간이 있나요?

라이카트

마이애미는 '영화 촬영에 친화적인 도시'라고 거들먹거려요. 물론 실베스터 스탤론 같은 사람한테는 그렇겠죠. 하지만 저예산 영화 제작에 대한 개념은 전혀 없어요. 그래서 경찰과 계속 마찰이 있었어요. 아이러니한 건, 영화 속에서 코지와 리는 도망치는 설정인데, 현실에서도 마이애미 경찰이 리사 보우먼을 거의 매일 체포하려고 했다는 점이에요. 엄밀히 말하자면, 리사가 소품용 총을 흔들며 데이드 카운티를 활보했던 건 사실이지만요.

헤인즈

이 모든 걸 며칠 만에 찍은 거예요?

라이카트

19일 걸렸어요. 촬영 둘째 날 경찰이 우리 팀 개퍼를 체포하고 모든 장비를 압수했거든요.

헤인즈

다음 프로젝트 대본 정말 인상적인데, 간단히 소개해 주세요.

라이카트

간단히 말하면 또 다른 경찰 이야기예요.

헤인즈

근데 장르가 전혀 다르게 느껴지던데요. 스타일도 다르고, 배경도 다르고….

라이카트

제목은 '로열 코트(The Royal Court)'예요. 배경은 마이애미의 한 아파트 단지, 단 하나의 장소에서 전개돼요. 살인사건 전담 형사가 집에 돌아왔더니 이웃집에서 자살 사건이 벌어진 걸 발견하죠. 그리고 그 형사가 과부가 된 이웃 여성을 자기 집으로 데려오게 되는데, 이게 실제로 제 아버지와 새어머니가 만나게 된 이야기예요.

헤인즈

어릴 때부터 들어온 이야기만큼 좋은 소재도 없죠.

라이카트

아빠도 저한테 항상 물어보세요. "너는 새로운 이야기는 못

지어내니?"

fall 1995 issue
Interview
Kelly Reichardt
October 1, 1995
Todd Haynes
BOMB

"'만남'이 가능하도록 공간을 만들고 싶어요"

새로운 목소리: 켈리 라이카트와의 인터뷰

빈센테 로드리게스-오르테가

2006.09.16

《올드 조이》는 두 친구 커트(윌 올덤)와 마크(대니얼 런던)의 이야기다. 오리건주 포틀랜드 근처의 숲에서 주말 캠핑을 함께하며 재회한 두 사람은 각자 다른 이유로 함께 여행에 나선다. 마크에게 이번 여행은 다가올 아버지로서의 책임을 앞둔 마지막 자유의 시간이고, 커트에게는 또 하나의 청춘 모험일 뿐이다. 여행이 진행되면서 두 친구는 예전처럼 서로에게 닿고자 애쓰지만, 그 간극은 쉽게 좁혀지지 않는다.

이 영화는 사진작가 저스틴 컬랜드, 작가 조너선 레이먼드, 감독 켈리 라이카트의 협업으로 만들어졌다. 레이먼드는 불타버린 숲과 나체인 남녀가 자연 속에 놓인 장면들을 담은 컬랜드의 최근 사진집에서 영감을 받아 이야기를 썼다. 촬영감독 피트 실런과 두 주연 배우를 섭외한 뒤, 라이카트는 아주 소규모의 스태프와 함께 오리건으로 향해 2주도 채 안 되는 기간 동안 영화를 완성했다.

그 결과물은 절제된 미니멀리즘으로, 보수주의가 극심한 오늘날 시대 속 좌파의 환멸을 시각적으로 포착해 낸다. 동시에, 《올드 조이》는 30대 중후반 미국 백인 남성의 정서·사회적 딜레마를 증언하는 기록처럼 작용한다.

인디 포크 뮤지션 올덤이 배우로 분한 대신, 라이카트는 뉴저지 밴드 '요 라 텡고(Yo La Tengo)'에게 사운드트랙을 맡겨 섬세하고 내밀한 사운드스케이프를 완성했다. 이는 관객을 사색적인 정서로 감싸며 감독의 정지된 프레임과 느릿한 리듬감과 어우러져 《올드 조이》의 미학을 만든다. 그 미학은 리처드 링클레이터의 '수다스러운 영화들'과는 정반대의 지점에 서 있다. 최근 「리버스 숏」은 필름메이커 켈리 라이카트와 대화를 나누었다.

리버스 숏

(이하 RS)

《올드 조이》는 현재 미국의 극도로 보수적인 정치적 상황과 어떤 관련이 있나요?

켈리 라이카트

(이하 라이카트)

1970년대에 성장했다면 나름의 시각이 생기죠. 제가 가장 또렷하게
기억하는 대통령은 지미 카터예요. 정치에 관련된 첫 기억은
수영장에서 놀다가 닉슨이 사임하는 장면을 보기 위해 물 밖으로
나왔던 일이에요. 카터 시절에는 어떤 정의감, 혹은 자유주의라는
것이 긍정적인 현상으로 존재했던 것 같아요. 저는 린든 B. 존슨
대통령 시절에 태어났는데, 지금의 미국은 완전히 다른 방향으로
틀어져 버렸어요.

어제 캐서린 해리스가 예비선거에서 지명을 받지 못하자, "신은 이
나라가 세속화 되길 원하지 않았다"라고 말했어요. 신의 이름을
들먹이는 건 정말 극단적인 일이죠. 존 케리의 선거운동을 봤을 때도
민주당이 완전히 방향을 잃었다는 걸 느낄 수 있었어요. 요약하자면,
자유주의는 이제 '더러운 말'이 되어버렸어요. 그게 도대체 뭘까요?

영화로 돌아가 보면, 《올드 조이》는 두 친구가 주말여행을 통해
다시 연결되려 하지만 결국 그러지 못하는 이야기예요. 서로에게
하고 싶은 말을 하지 못한 채, 그 기회를 놓치죠. 자신이 무엇을
말하고 싶은지도 제대로 표현하지 못해요. 민주당이 처한 상황도
비슷하다고 생각해요. 영화 속 두 친구는 숲속에서 길을 잃고, 결국

모든 것을 벗어던지게 되죠. 심지어 육체적으로도요.

RS

영화에 에어 아메리카(Air America)* 라디오 발췌를 삽입하는
아이디어는 어떻게 떠올리셨나요?

라이카트

라디오 방송 안에서도 사람들은 서로 논쟁을 벌이지만 결국 아무런
합의에 도달하지 못하죠. 시끄럽고 격렬한 토크 라디오처럼 들려요.
그런데 어떤 면에서는 그게 위안이 되기도 한다고 생각해요.
왜냐하면 지금 좌파 진영에 있으면 수많은 문제에 대해 스스로
옳다고 느끼기가 너무 쉽거든요. 하지만 그런 확신이 아무것도
해결해 주지는 않아요. 영화 초반에 나오는 목소리 중 하나는
로버트 케네디 주니어예요. 그는 청취자들과 함께 린든 B. 존슨에
대해 이야기하는데, 존슨이 1965년 선거권 법(Voting Rights
Act)**에 서명함으로써 남부를 공화당에 넘겨주었다고 주장하죠.

---

*   2004년부터 2010년까지 송출되었던 미국의 라디오 네트워크. 우파 토크
라디오에 대한 대안으로 설립되었으며 '진보적인 대화(progressive talk)'를
표방했다.

**   투표에 관한 차별을 전반적으로 엄격하게 금지한 미국 역사상 기념비적
법률로, 1964년 린든 B. 존슨 대통령에 의해 시행되었다.

아이러니하게도 그런 말을 하는 사람이 로버트 케네디 주니어라는
점이 흥미롭죠. 관객으로서 우리는 그 혼란스럽고 서로 다투는
목소리들을 경험하면서, 그 톤 자체를 통해 정치라는 것을 체험하게
되는 거예요.

RS

저는 이런 목소리들이 마크가 어떤 '안전지대'에 들어가게 한다고
생각해요. 그는 라디오 방송을 듣는 것만으로 충분하다고 느끼고,
행동할 필요는 없다고 생각하죠.

라이카트

맞아요. 마크는 실제로 아무것도 하지 않아요. 하지만 그는 마치
듣는 행위 자체로 충분한 것처럼 라디오를 듣죠. 결국 마크는 세계
평화를 바라는 사람이에요. 하지만 그는 이런 생각을 친구나 아내와
나누어야 하는데, 그 선을 넘지 못하죠. 그래서 더 큰 차원의 문제에
대해서는 일종의 좌절감을 느끼게 돼요.

RS

이런 정치적인 내용들이 원작 단편소설에도 있었나요?

라이카트

아니요, 없었어요. 단편에서 마크는 결혼하지 않았어요. 그는 독신이고, 그래서 커트와 훨씬 더 가까운 관계예요. 둘의 세계가 그렇게 멀지 않죠. 존 레이먼드는 아주 개인적이고 미묘한 우정에 관해 썼어요. 우정의 붙잡을 수 없는 성질에 대해서요. 그의 글에는, 그리고 제 영화에는 사람들이 자신이 붙잡고 싶은 것을 붙잡고 자신이 느끼고 싶은 대로 해석할 수 있는 여백이 많아요. 같은 영화를 보고 나온 두 사람이 전혀 다르게 느낄 수도 있죠. 저는 이런 '만남'이 가능하도록 공간을 만들고 싶어요.

RS

이 영화는 결혼을 앞두거나 아이를 가지거나, 혹은 안정된 직장을 추구하는 그런 삼십 대 사람들을 위한 영화인가요? 혹은 70년대 초반에 태어난 세대 위에 드리운 '(비)행동의 암울함'을 포착하려는 시도이기도 한가요?

라이카트

젊을 때는 친구들과 유대감을 형성하기가 훨씬 쉽죠. 그런데 어느 순간 각자의 길이 달라져요. 이 영화의 두 인물에게도 그런 일이 일어나죠. 커트의 삶의 방식은 스무 살 무렵에는 '로맨틱하다'라고

여겨지지만, 그는 이제 그 시기를 지나왔어요. 그는 삼십 대 후반이고
사람들은 그에 대해 여러 의견을 갖고 있죠. 그는 어디까지가
'방랑자'이고, 어디서부터가 '노숙자'인가 하는 아주 미묘한 경계 위를
걷고 있어요.

RS

커트를 '자라지 못한 20대 아이' 혹은 '자신의 자리를 찾지 못한
패배자'로 보시나요?

라이카트

제 생각에 커트는 사실 마크보다 더 솔직하고 열린 인물이에요.
마크는 커트의 자유를 질투하고 있을까요? 영화는 그런 가능성을
열어둡니다. 저는 궁극적으로 두 인물이 어떤 사람인지 단정하고
싶지 않아요. 영화 만들 때부터 그런 가능성을 열어두기 위해
노력했기 때문에 인터뷰에서 그들을 하나의 틀로 규정짓는 것은
가장 피하고 싶은 일이죠. 저는 결코 '이 영화는 이런 인물들에 관한
이야기다'라는 확정적인 생각을 가지고 시작하지 않았어요. 각
인물을 바라볼 수 있는 방식은 아주 많아요.

RS

열린 결말의 인물들을 만들어내는 게 왜 중요했나요?

라이카트

그건 촬영의 속도와 환경과 관련이 있어요. 오리건은 아주 광활한 곳이고, 그 숲 자체가 이미 많은 이야기를 하고 있죠. 사운드 디자인도 매우 포괄적이고 환경 그 자체의 일부처럼 들려요. 그래서 인물들이 '누구인가'를 규정하는 것을 넘어서는 감각을 주고 싶었어요. 이상적으로는 그들이 함께 텐트를 치거나 통나무 위를 건너는 몸짓 같은 것들, 그런 신체 언어를 통해서도 관객이 그들의 관계와 내면을 읽어낼 수 있길 바랐습니다.

RS

영화는 숲이라는 공간, 그리고 그 공간의 특수한 맥락 속에서 커트와 마크가 서로 어떻게 상호작용을 하는지에 깊이 몰입한 느낌이에요. 그 점에 대해 좀 더 설명해 줄 수 있나요?

라이카트

이건 일종의 로드무비예요. 그래서 도시인 포틀랜드를 다루는 방식과 시골을 다루는 방식이 달랐죠. 영화는 매우 형식적이고,

미니멀하며, 장면 전환에 거의 아무 효과도 넣지 않았고, 대부분 자연광으로 촬영했습니다. 날이 흐리면 포틀랜드에서 촬영했고, 맑으면 숲으로 갔어요. 그리고 숲을 점점 알아가면서 그 자체를 촬영 속으로 더 깊이 끌어들였죠. 그렇게 숲속으로 더 들어갈수록 인물들도 점차 숲의 일부가 되어갑니다. 이것이 영화의 중심 아이디어 중 하나예요. 그들이 숲속에서 길을 잃고, 결국 그 숲과 하나가 되는 것. 동시에 그들은 서로에게 조금씩 더 취약해지고, 그 시점부터는 숲이 점점 이야기를 장악해 나갑니다.

또한 저는 촬영 방식이 관객의 몰입을 방해하지 않게 하려고 했어요. 여섯 명으로 구성된 작은 팀이었기 때문에, 그런 제약들이 오히려 영화의 섬세함을 강화해 줄 것이라 믿었죠. 장비를 최소화한 덕분에 영화 촬영 중에는 그것들이 거의 '보이지 않는' 존재가 되었어요. 정말 말 그대로 여섯 명이 숲속에 있었던 거예요. 물론 모든 장면은 스토리보드로 미리 구상했지만, 동시에 배우들이 자유롭게 자신만의 해석을 덧붙일 수 있도록 촬영 방식을 열어두었습니다. 배우들이 인물의 정체성을 찾아가며 자연스럽게 반응할 수 있는 친밀한 공간을 만들어주는 게 목표였죠. 예를 들어 마크의 경우, 그는 '듣는 사람'이에요. 그의 캐릭터는 말보다 몸의 움직임에서 드러나요. 저는 그가 침낭을 개는 모습을 보고 '아, 이 사람의 전부가 바로 여기에 있구나'라고 느꼈습니다.

RS

왜 디지털 비디오가 아니라 슈퍼 16mm 필름으로 촬영하기로
했나요? 숲처럼 어려운 장소에서는 디지털 카메라가 촬영 과정을
훨씬 수월하게 만들었을 것 같은데요.

라이카트

촬영감독과 저는 필름을 정말 사랑해요. 이 영화에는 움직임이 매우
많아서 디지털 비디오로는 그 느낌을 제대로 담을 수 없었을 거라고
생각했죠. 숲의 색감과 깊이를 표현하기에 DV는 한계가 있었어요.
저는 날씨의 감각적인 느낌 자체를 포착하고 싶었고, 그걸 위해서는
필름이 꼭 필요했어요. 게다가 저희 둘 다 기본적으로 '필름 중심적'
사고를 하는 사람들이에요. 잠깐 슈퍼 8mm로 찍자는 이야기도
나왔지만, 디지털 비디오는 아예 고려 대상이 아니었어요. 물론 저는
디지털에 반대하는 건 아니지만, 이 작품에서는 선택지로 들어오지
않았죠.

RS

《올드 조이》는 로드무비예요. 그런데 요즘 영화 중에서는 보기

드물게 카 트레킹 숏이 많으면서도 카메라는 대체로 꽤 정적인 인상을 줍니다.

라이카트

정적이긴 하지만 완전히 그렇진 않아요. 짐 자무시 스타일은 아니죠. 대신 프레임 안을 가로지르는 요소들이 많아요. 카메라의 움직임은 매우 의도적이에요. 저는 로드무비 장르를 정말 좋아하는데, 특히 몬티 헬만의 《닭싸움꾼》과 《자유의 이차선Two-Lane Blacktop》(1971)을 좋아합니다. 헬먼이 그 영화들을 촬영한 방식, 그리고 사운드 디자인 모두요. 또 사티야지트 레이의 영화들을 많이 보았는데, 그가 자연을 다루는 방식이 놀라웠어요. 장 르누아르나 태국의 아피찻퐁 위라세타쿤도 마찬가지죠. 마흔이 넘은 지금은 어떤 게 저에게 가장 큰 영향을 줬다고 단정하기 어렵지만, 작년에 뉴욕에서 오즈 야스지로 전작전을 한 달 내내 보기도 했어요. 오즈 역시 카메라를 거의 고정해 두면서도 프레이밍이 정말 흥미롭죠. 만약 그중 한 사람을 꼽으라면, 자연을 다루는 방식에서는 레이에게 가장 큰 영향을 받았다고 할 수 있을 것 같아요. 헬먼 역시 아주 소규모 스태프와 작업했는데, 그가 '침묵'을 다루는 방식에는 특별한 아름다움이 있었어요.

RS

방금 사운드 디자인 이야기를 하셨는데요. 이번 영화의
사운드스케이프를 위해 밴드 요 라 텡고(Yo La Tengo)와 어떻게
협업하셨는지 궁금합니다.

라이카트

그들은 아주 초기에 시나리오를 읽었어요. 저는 그들에게 제가 어떤
사운드를 원하고 있는지 감을 잡게 하려고 여러 가지 기이한 소리를
넣은 편집본을 보여줬어요. 종소리나 초인종 같은 것들이었죠.
우리는 영화의 각 부분에서 인물들이 처한 감정 상태를 기반으로
접근했어요. 조지아 허블리는 두 대의 기타를 두 인물이 서로
대화를 주고받는 것처럼 생각하더군요. 그들은 정말 다양한 음악을
가져왔고, 저는 그중 일부를 선택하고 일부는 제외했어요.

RS

영화의 결말에 대해서도 조금 이야기해 주실 수 있을까요?

라이카트

두 사람은 결국 각자의 삶으로 돌아갑니다. 이건 제가 윌 올덤과
영화 준비 단계에서 나눴던 대화이기도 해요. 저는 영화가 커트로

끝나기를 바랐어요. 하지만 솔직히… 그 이야기는 하고 싶지 않아요. 관객이 직접 봐야 한다고 생각해요. 결말에 대해 말하려면 내용을 다 설명해야 하는데, 그러고 싶지 않네요.

RS
마지막으로, 키노 인터내셔널(Kino International)이 이 프로젝트에 참여하게 된 과정은 어땠나요?

라이카트
예전에 제가 키노의 메일룸에서 일한 적이 있어요. 그래서 그들과 알고 지냈죠. 저는 주로 강의로 생계를 유지하고 있어서, 영화 제작이 돈의 문제가 되지는 않았어요. 영화를 만들기 시작할 때만 해도 이게 장편이 될지 단편이 될지조차 몰랐고, 누가 배급할지도 전혀 확신이 없었죠. 그런 점에서 키노의 참여는 정말 큰 행운이었어요. 그들은 모두 영화광들이거든요. 그들이 이 영화에 관심을 보였을 때는 정말 꿈이 이뤄진 기분이었어요. 이미 영화를 만들 수 있다는 것만으로도 굉장히 운이 좋다고 느꼈는데, 그게 케이크 위의 아이싱처럼 느껴졌어요. 게다가 이 영화가 필름 포럼에서 상영까지 하게 되었으니, 저는 정말 감사하고 행복합니다.

An Interview with Kelly Reichardt
By Vicente Rodriguez-Ortega
September 18, 2006
Reverse Shot

켈리 라이카트 ⓒ Conor Williams(2024)

"이건 '희망 이전' 시기의 영화예요"

오리건 시골에 좌초한 한 여자와 개 한 마리

거스 밴 샌트

2008.10.01

감독 켈리 라이카트는 2006년 영화 《올드 조이》로 처음 대중적인 주목을 받았다. 이 작품은 오리건주 캐스케이드 산맥에서 오래된 두 친구가 함께 떠나는 캠핑과 로드 트립 속 대화와 회상을 통해 9·11 이후의 정치적 혼란과 개인적 혼란을 토로한다. 그들은 함께 숲으로 들어가 길을 잃고, 찾고 있던 온천을 발견한 뒤, 다시 포틀랜드로 돌아온다. 이렇게 빈약해 보이는 서사는 사실상 두 사람의 재회가 불가능하다는 무언의 진실을 강조한다. 라이카트의 최신작 《웬디와 루시》는 12월 10일 뉴욕 필름 포럼에서 개봉한다(루시는 라이카트의 반려견이다). 미셸 윌리엄스가 연기한 웬디는 여름철 고임금 일자리를 찾아 떠나는 길에 오리건의 한 시골 마을에서 차가 고장 나면서 점차 심각해지는 고난에 직면한다. 영화는 사소해 보이는 좌절들이 어떻게 파국으로 이어질 수 있는지를 보여준다. 라이카트의 다른 작품으로는 1994년 데뷔작 《초원의 강》과 단편 《오드》, 《덴 어 이어》, 《트래비스》가 있다. 그는 현재 바드 칼리지에서 객원 조교수로 일하며 뉴욕에 거주 중이다. 존경받는 거장 거스 밴 샌트는 지난 7월 포틀랜드에서 라이카트를 만나 저예산 촬영의 기쁨과 고난, 현지 온천, 그리고《웬디와 루시》에 대해 이야기를 나누었다.

거스 밴 샌트

당신의 최근 두 작품은 모두 오리건에서 촬영되었죠?

켈리 라이카트

사실 세 작품이에요.《올드 조이》이전에《텐 어 이어》라는 단편이 있었어요. 제가 주로 오리건에서 촬영하는 이유는 제가 조녀선 레이먼드의 이야기로 작업하기 때문이에요. 그 이야기들이 오리건주를 배경으로 설정되어 있으니까요.《웬디와 루시》는 포틀랜드 대신 오리건의 작은 마을로 상정했어요.《올드 조이》는 배그비 온천이라는 구체적인 장소를 담고 있지만요.

밴 샌트

저는 그곳에 가본 적이 없어요. 들어보기만 했죠. 북서부 지방에

있는 자연 온천에 가본 적은 있어요. 거긴 공사가 필요 없는 자연
온천이었죠.

라이카트

저는 지난 주에 오리건 필즈에 있는 인공 온천에 다녀 왔어요. 사막
한가운데 모래 기슭에 있는 곳이었죠.

밴 샌트

온천에는 몸에 좋은 효소가 들어 있기도 하고, 몸에 나쁜 무언가가
들어있기도 하죠.

라이카트

그런 얘기는 처음 들어보네요. 대신 《올드 조이》를 찍을 때 어떤
레인저가 우리에게 자신이 탕 안에서 발견한 것들에 대해 이야기
해줬어요. 거기엔 시체도 있었다죠. 근데 시체보다 더 최악인 것도
있었어요. 그는 수온이 박테리아를 모두 죽일 만큼 뜨겁지는 않다고
말했어요.

밴 샌트

그 레인저는 너무 많은 걸 봤네요.

라이카트

오만 것들을 다 봤을 거에요.

밴 샌트

그 사람들은 마약 제조 단속 같은 것도 하니까 더 그럴 거예요.

라이카트

《웬디와 루시》를 만들 때, 저는 포틀랜드에서 다시 찍을 생각이
없었어요. 저는 전역을 탐사했죠. 아마 20개 주는 가봤을 거예요.
그러다 2월 중순 쯤 몬태나의 어느 마트 주차장에 앉아서 이런
생각을 했죠. "대체 내가 뭘 하고 있는 거지? 왜 포틀랜드에 있는
촬영팀을 몬태나까지 끌고 와서 존의 이야기에 나오는 포틀랜드
주차장이랑 똑같이 생긴 주차장을 찾고 있는 거지?" 결국 존의
이야기대로 됐습니다. 우리는 그의 집 바로 앞에 있는 마트에서
촬영을 했어요.

밴 샌트

그 작가가 이야기를 쓸 때 생각한 곳과 똑같은 장소인 거죠?

라이카트

네, 존은 언제나 자신을 중심으로 로케이션을 설정해요. 예를 들어 지금 저희는 서부에서 작업을 하고 있는데, 필즈 근교에서 벌어집니다. 거긴 정말 아무 것도 없는 곳이에요. 언뜻 봐선 영화를 찍기에 굉장히 비효율적인 곳처럼 보이죠. 하지만 저는 그곳이 바로 우리가 작업을 마칠 곳이라는 확신이 있어요. 장소가 멋지기도 하고요. 다른 장소를 찾기 위해 전국을 차를 끌고 다닌 게 영화를 파악하는데 도움을 줬어요. 비록 제가 포틀랜드로 돌아가 작업을 마치더라도 가치가 있는 과정이었죠.

밴 샌트

여기는 정말 저예산으로 영화를 만들 수 있는 곳이에요. 다른 곳에서는 도저히 못 할 일들도 할 수 있죠. 30년 전에는 영화 협동조합들이 있었고, 다들 늘 극영화 제작을 염두에 두긴 했지만 실제로는 산업 영화 같은 걸 찍곤 했어요. 그래도 영화를 만들기 위해 필요한 구조 같은 건 늘 있었죠. 여긴 정말 좋은 장소고, 사람들이 굉장히 들떠 있어요.

라이카트

비만 잘 피해가며 찍을 수 있다면 정말 훌륭하죠. 뉴욕처럼 스태프들이 오버하면서 마초적인 분위기를 풍기는 일도 없고요.

밴 샌트

조너선이 당신을 위해 뭘 준비하고 있나요?

라이카트

그는 《믹의 지름길》이라는 서부극을 쓰고 있어요.

밴 샌트

저는 그의 소설 『더 하프 라이프』*를 읽었어요. 놀라운 작품이었죠.
저와 토드 헤인즈가 문학 컨벤션에 발화자로 참여 했을 때 존을 만난
적이 있어요. 그가 제게 토드를 소개해줬죠. 저는 그가 《파 프롬
헤븐Far from Heaven》(2002)에서 토드의 조연출로 참여한 걸 알고 있었죠.
저는 《더 하프 라이프》를 서점에서 사서 읽어 보곤, '와, 이게 진짜
소설이지!' 싶었어요.

라이카트

언젠가는 그 작품도 영화로 만들고 싶은데, 작은 규모로는 힘들 거
같아요.

---

* 《퍼스트 카우》의 원작 소설.

밴 샌트

『더 하프 라이프』,《올드 조이》,《웬디와 루시》를 보고 제가 발견한
존 레이먼드의 특징들이 있습니다. 그 특징은 제가 이야기를
만들 때 천착하는 부분이기도 하죠. 바로 쇠락입니다.『더 하프
라이프』에서는 늪지에 사는 사람들의 쇠락, 또는 두 소녀의 부모의
쇠락이 나옵니다. 인물들이 약에 취해 찾아간 병원도 완전히 쇠락한
장소입니다, 그렇죠?《올드 조이》에서는 그들의 우정이 쇠락합니다.
쇠락이 가장 강하게 나타나는 작품은《웬디와 루시》죠. 마치 '희망
없음'의 심연으로 떨어지는 듯 합니다.

저는 LA에서 오전에 이 영화를 봤습니다. 제 삶에서도 비슷한
일이 일어나는 중이었어요. 저도 웬디랑 같은 상황이었죠. 제가
밖으로 나갔을 때, 다른 쓰레기통은 모두 치워져 있었지만 제
것은 여전히 꽉 차 있었어요. 제가 이곳을 떠나야 할지도 모른다는
생각이 들었죠. 분명 제가 수거 시간을 놓친 거겠죠. 영화가 막
끝나고, 저는 거리에 서있었습니다. 저는 웬디가 반복해서 겪는
것과 같은 상황에 사로잡혔어요. 세상은 저를 도와주지 않았죠.
일종의 무관심이랄까요. 약간의 너무하다는 느낌도 들었고요.
아마 단지 영화를 봤기 때문에 생긴 결과일지도 몰라요. 그 영화는

항상 존재하는 제 안의 일부를 끄집어냈습니다. "정말 저렇게 되면
어떡하지? 주차 딱지를 떼거나 잘못된 행동으로 종신형에 처해지면
어떡하지?" 한편으론 우리 사회가 어떻게 구성원을 돌보는지, 또는
돌보지 못하는지에 대해서도 이야기 하죠.《웬디와 루시》는 저에게
우리가 속한 물질주의 사회에 관한 이야기로 보였습니다. 만약
우리가 돈이 별로 없다면, 우리는 숲속에서 살아야 할지도 모릅니다.
웬디가 숲속에서 살잖아요.

라이카트

《웬디와 루시》의 시발점은 허리케인 카트리나 직후였어요.
사람들은 '자기 신발끈 당겨 일어나라(pulling themselves up by their
bootstraps)**라고 말하거나, 누군가의 삶이 그렇게 위태로운 것은
그저 게으름 때문이라는 전제를 깔고 있었죠. 존과 저는 만약에
안전망이 전혀 없다면, 가령 당신의 신발끈이 떠내려갔다면 정부의
도움 없이 오롯이 혼자 힘으로 그 상황에서 어떻게 빠져나올 수
있을까 생각했어요. 당시 우리는 이탈리아 네오리얼리즘 영화를
많이 보았는데, 그 영화들이 다루는 주제들이 부시 시절의 미국
삶에도 그대로 울림을 주는 것 같았습니다. 사회가 제공하는 일정한
종류의 도움은 있지만, 또 결코 주지 않는 도움도 있죠. 그래서

____

** '스스로 힘으로 극복하라'는 뜻의 관용 표현.

우리는 웬디를 세입자로 상상했어요. 보험도 없고 그저 근근이 살아가는데, 자기 잘못은 아닌 화재가 나서 살던 집을 잃는 상황이죠. 영화에서 웬디의 과거를 알 수 없지만, 우리는 웬디가 그런 곤경에 처한 인물이라고 생각했어요.

밴 샌트

이 이야기의 독특한 점은 다른 영화들과 비교했을 때, 점점 내리막으로 치닫다가 결국 파국에 이르는 느낌이 있다는 거겠네요.

라이카트

이상하게도, 어떤 사람들은 영화의 결말에서 희망을 보기도 해요. 저는 그렇게 큰 희망은 느끼지 못했지만요. 《올드 조이》의 결말에도 많은 희망이 있는 건 아니지만, 거기서도 희망을 보는 사람들은 있어요. 요즘 시절이 낙관적이었던 적은 없죠. 이건 '희망 이전' 시기의 영화예요. 모든 희망이 들어오기 전의 시절이죠.

밴 샌트

저는 문자 그대로의 희망에는 크게 신경 쓰지 않는 편이에요. 물론 정말 희망적인 결말을 만든 적도 있었고, 거의 터무니없는 수준의 엔딩이었죠. 당신이 어떤 삶을 살아왔는지는 잘 모르지만, 당신의

영화는 마치 희망의 유무를 따라가는 것처럼 보여요. 좋은 시기를
보내고 있을 땐 특정한 종류의 영화를 만들고, 안좋은 시기를 보낼 땐
또 다른 종류의 영화를 만들죠. 당신의 영화는 당신의 계획이 아니라
당신이 처한 환경에 대한 당신의 반응이에요.

라이카트

'좋은 시기'에 저는 도저히 영화 한 편 만들기가 어려웠어요. 첫
번째 영화 《초원의 강》과 《올드 조이》 사이에는 12년이 흘렀죠.
《오드》처럼 작은 영화도 만들었지만, 그 영화조차 결말은
우울했어요.

밴 샌트

저는 우울한 결말 좋아합니다. 이야기꾼으로서 충분히 타당한
관점이라고 생각해요.

라이카트

올여름에는 60년대의 '키친 싱크 리얼리즘'[***] 영화들을 모두 봤어요.
그 영화들의 주인공들은 모두 경제적 하층에 갇혀 있고 선택의

[***]   하층민 노동 계급의 사람들의 삶을 현실적으로 보여주는 것이 특징인 1950-
       60년대 영국의 문화 운동. 대표적인 감독으로 켄 로치, 마이크 리 등이 있다

여지가 없다는 것에 불만을 가지고 있죠. 당신 영화에도 그런 면이 있어요.

밴 샌트

선택의 여지가 없다고요?

라이카트

다른 방식으로 살고 있는 사람들이 있다는 걸 알지만, 어떤 제약 때문인지 자신은 그쪽으로 갈 수 없는 사람들이요. 꼭 계급 때문만은 아니에요.

밴 샌트

맞아요. 제 관점에서는 관객이 그걸 인지하는 경우가 많아요. 아마 캐릭터보다 더 그렇죠. 영화마다 다르겠지만, 어떤 영화에서는 그게 주제일 수도 있고, 어떤 경우는 캐릭터가 알고 있는 듯하지만 확실치 않은 경우도 있어요. 저는 보통 거기에 대해 단정하지 않아요.

라이카트

제 생각에 당신 영화 속 캐릭터들은 다수에 속하거나, '아메리칸 드림'이라는 개념에 관심이 없는 것 같아요.

밴 샌트

《웬디와 루시》를 보고 나니, 제가 실제로 느껴본 적 없는 어떤 감각이 있었어요. 특히, 지금 말씀하신 것처럼 이탈리아 네오리얼리즘 영화를 보고 계셨던 것과도 관련이 있었죠.

라이카트

네오리얼리즘 영화에서 중요한 주제는 사회에 쓸모없는 사람들의 등장이죠. 나이가 많거나 가난해서 사회에 부담이 되는 사람들, 마치 떠돌이 개처럼요.

밴 샌트

《웬디와 루시》를 본 후에는 그 감각이 완전히 체감되었어요. 모든 곳에 깔려 있는 느낌이었죠. 저는 영화 속 일부였지만, 동시에 영화는 멈춰 있었고, 저는 이제 제 삶을 다루며 저만의 버전 속에 있었어요. 영화가 제게 이야기를 불어넣은 거죠. 여전히 그것을 살아가고 있었고, 그건 정말 큰 성취이자 굉장히 어려운 일이에요. 누군가를 쉽게 벗어날 수 없는 감정 속으로 끌어들이는 건 섬세한 일이니까요.

라이카트

저는 영화를 만드는 내내 그 감정을 느꼈어요. 마치 1년 동안 머리에 조임쇠가 달린 느낌이었죠. 장소가 그걸 크게 좌우해요. 교통 소음, 자연과 멀어지는 모든 요소들, 갇혀 있다는 느낌… 뉴욕에 살고 있긴 하지만, 도시 외곽의 무질서한 주택단지에서 받는 분위기와는 정말 달라요. 그곳은 영혼 없는 중간 지대 같은 곳이죠. 그리고 영화 제작 당시 우리가 가진 재정적 제약이 웬디가 겪는 상황과 거의 일치했어요. 결코 유쾌한 경험은 아니었죠.

밴 샌트

음, 아마 그게 영화를 성공적으로 만드는 유일한 길이었을 거예요.

라이카트

《웬디와 루시》를 만드는 내내 계속 생각했던 파스빈더 영화가 하나 있어요. 제목은 기억나지 않는데, TV용으로 만든 영화인 것 같아요. 매일 출근하는 척하지만 실제로는 직장을 잃고 아내에게 말하지 않는 남자의 이야기예요. 출근 대신 매일 밖에 나가 돈을 쓰죠. 남자는 아내에게 잘 보이려고 계속 물건을 사면서 점점 빚이 늘어나요. 영화가 진행될수록 관객도 마치 그 빚을 자신의 것처럼 느끼게 되죠. 웬디를 통해 비슷한 느낌을 전달하려고 했어요.

밴 샌트

당신 영화는 정말 성공적으로 그의 한계를 보여주고, 그 한계가
얼마나 파국적으로 작용하는지 느끼게 해주네요. 저는 그의 상황에
정말, 정말 가까이 있는 느낌이었어요.

라이카트

그나저나, 쓰레기는 어떻게 했어요?

밴 샌트

치웠어요.

라이카트

이웃 집 앞에 굴려 놓지는 않았죠?

밴 샌트

아뇨, 그건 아무 도움이 안 됐을 거예요. 웬디의 상황과 이 쓰레기통
이야기에는 약간 카프카적인 면이 있어요. 제 경우도 시각적으로
느껴졌죠. 다른 사람들의 쓰레기통은 이미 비워졌고, 제 건 분명
제가 쓰레기차가 지나간 후에 내놓은 것처럼 보였어요. 사실

전날 내놓았는데도 말이죠. 뭔가 늦었거나, 청소부가 제 건 그냥 지나쳤을 수도 있어요. 그래서 논리를 무시하고 하루 더 내버려 둘 수도 있었죠. 하지만 저는 "이거 바보 같네. 내가 놓쳤잖아"라고 생각했어요.

라이카트

그런 일이 일어날 때면 우습게도, 사람 마음 상태에 따라 개인적으로 받아들이게 된다는 거예요.

밴 샌트

맞아요, 갇힌 느낌이죠. 가끔 이런 일이 일어나요. 그리고 그게 웬디에게 일어나는 일이에요. 그는 외부로 밀려나 있는 거죠. 그리고 두 번째 일이 일어나고, 세 번째, 네 번째 일이 이어지죠. 네 번째 일이 일어날 때쯤이면 정말 걱정하게 돼요. 어떤 사람들은 그게 익숙하죠. 그냥 그들의 존재 방식일 뿐이에요.

라이카트

저는 《웬디와 루시》 촬영지로 투손 근처 외딴 10번 고속도로를 답사하고 있었는데, 제 바로 앞에서 한 밴이 타이어가 터져 도랑으로 빠졌어요. 그래서 차를 세웠죠. 운전자는 멕시코인 여성 한

명이었어요. 40대 중반쯤, 제 나이랑 비슷했을 거예요. 신발도 없이
양말만 신고 있었어요. 스페어 타이어가 있냐고 물었더니 없대요.
휴대폰은 있냐고 물었더니, 방금 꺼졌다고 하더군요. 그는 "이
펩시콜라 사기 전에는 20달러 있었어요"라고 말했어요. 그게 그의
상황이었죠.

그래서 30분 거리에 있는 다음 나들목까지 태워줬어요. 그러다 트럭
운전사에게 연장을 빌려 다시 차가 있는 곳으로 돌아왔죠. 제 하루
중 한 시간 정도를 써버렸고, 이 일에 얼마나 깊이 관여해야 할지
고민했어요. 하지만 그는 이 상황에 전혀 당황하지 않았어요. 남편을
보러 가는 중이었고, 분명 이런 일에 익숙하게 살아왔겠죠. 도로
옆에서 무릎 꿇고 타이어를 교체하고 있는데 경찰이 멈춰섰어요.
경찰은 도와주려고 하지 않고 계속 저에게 "조심하세요"만 반복했죠.
그 멕시코인 여자가 하는 일은 훨씬 위험했는데도 경찰은 그냥
보고만 있고 계속 "조심하세요, 비키세요"라고만 말했어요. 그
여자는 모든 일을 침착하게 받아 들였어요. 그 모습이 제게 큰 인상을
남겼습니다.

밴 샌트

그 경찰은 당신을 평소에 얕잡아 보던 이들과는 다른 사람으로

인식해서 '조심하라'고 말했던 건 아닐까요?

라이카트

제 생각도 그래요. 저는 스바루 차량을 몰고 있었고, 백인이고,
결론적으로 그 경찰은 제가 갈 길 마저 가야한다고 말했어요. 경찰은
그 멕시코인을 돕는 어떤 일도 하지 않았어요. 기온은 40℃가 넘는
듯 했고, 그 사람의 차는 10번 고속도로 도랑 안에 있었죠. 이 여성은
지역사회의 도움을 받을 수도 없었어요. 반면에 만약 그가 중산층
백인 여성이었다면, 경찰이 아니라 주유소 남자들이라도 도움을
줬을 거예요. 제 말은, 미셸 윌리엄스라면 도움을 받을 수 있겠죠. 이
사실을 직면하자고요.

그리고 저는 저 스스로에게 얼만큼 베풀어야할지, 얼마나 관여해야
할지 질문하고 있었습니다. 이 질문은 《웬디와 루시》에서 정비공과
경비원이 맞닥뜨린 질문이기도 하죠. 이웃에게 얼마나 많이
베풀어야 하는가? 서로에 대한 책임은 무엇인가?

밴 샌트

먹이사슬이네요.

라이카트

맞아요, 먹이사슬. 존의 친구가 《웬디와 루시》를 보고 "이건 결국
모든 게 '히피 vs 짭새'로 귀결한다는 증거야"라고 말했다고 해요.
어떤 점에선 그 친구가 옳은 것 같아요.

밴 샌트

《초원의 강》과 《올드 조이》 사이에는 무슨 일이 있었나요?

라이카트

장편 영화 하나를 준비하고 있었는데 결국 안됐어요. 정말 장편
제작에 환멸을 느꼈죠. 결국 가르치는 일을 시작했어요. 제가 그
일을 정말 좋아한다는 것도 깨달았죠. 제 삶에 뼈대를 세워주고,
지지 기반과 영화에 관해 생각하기를 멈추지 않는 방법을
제공해주었죠. 가르치는 일은 정말 좋은 일이에요. 영화 제작의
상당 부분은 자기 자신에게만 몰두하는 일인 반면, 가르치는 일은
저를 나 자신으로부터 끌어내거든요. 저는 다시 슈퍼 8mm 카메라도
사용했는데, 꽤 멋지고 힘이 나는 일이었어요. 소형 필름으로
작업하는 건 해방감을 주었습니다. 아무런 기대로 없고, 누구도 돈을
잃을 위험이 없으니까요.

밴 샌트

비용이 적을수록 돈 대주는 사람에 대한 죄책감도 줄어드는 법이죠.
저도 똑같은 느낌을 받아요. 만약 제가 정말 저예산으로 영화를
만든다면, 제게 어떤 프로젝트를 맡겨도 걱정하지 않을 거예요.
왜냐하면 이미 좋은 거래가 성사된 거니까요. 저는 예술적으로
자유롭게 작업할 수 있죠.

라이카트

게다가, 영화를 만드는 동안 사생활을 보장 받는 것도 정말 좋아요.
사공이 많지 않고, 가짜 데드라인으로 압박을 주는 사람이 없죠.
그냥 제 아파트에서 편집하고 제 시간을 가질 수 있어요. 왜냐하면 이
과정은 아무런 비용이 들지 않으니까요.

편집을 마치고 후반작업을 하려는 시점이 되어서야 비로소
영화에 필요한 큰돈을 마련해야 하죠. 그런데 토드는 그게 잘못된
사고방식이라고 생각해요. 그는 제가 소규모 제작을 통해 영화를
쉽게 만들 필요는 없다고 생각해요 사실은 이게 더 어렵게 만드는
거예요. 왜냐하면 경험 많은 사람들과 함께할 수도 있는 거고, 제
프로듀서인 닐 코프—당신이《파라노이드 파크_Paranoid Park_》(2007) 때
함께했던 그 프로듀서요—와 제가 모든 걸 직접 다 하지 않아도 될

테니까요. 토드의 제작 방식대로 했다면, 저는 단지 택배 비용을
아끼려고 제 몸보다 더 무거운 필름 프린트를 캘리포니아까지 직접
나르는 일은 안 했을 거예요. 이건 끝없는 논의거리죠.

밴 샌트

《밀크_Milk》(2008) 이전에 제가 만든 네 편의 영화들은 제가 받을
수 있는 규모에 비해 훨씬 저예산이었어요. 영화사가 그냥
투자해주기도 했거든요. 대본도 필요 없었고요. 예산이 충분히
낮으면 당장 내일부터 바로 촬영을 시작할 수도 있었죠. 토드가
한 말도 맞아요. 왜냐하면 제가 만든 저예산 영화들, 예를 들어
《말라 노체_Mala Noche》(1985) 같은 경우 항상 같은 사람들이 제 주변에
있었으니까요. 그 사람들이 제게 주어진 인연이든 제 친구들이든
저는 늘 같은 역할을 맡겼어요. 어떤 친구는 제 프로젝트에 자금을
대보려고 했고, 또 다른 친구는 그냥 예비 투자자였는데 나중에는
제 가장 친한 친구들이 되었죠. 그리고 결국 그들이 제 프로듀서가
되었어요. 영화와는 아무 상관도 없는 사람들이었는데 말이에요.
그런데 그 사람들이 프로듀서라면 할 법한 말들을 했어요. 이를테면
가편집된 영화를 보고는 "뭐, 영화 같긴 하네" 같은 식이었죠. 전혀
용기를 주지 않는 말들, 비판적인 말들, 뒤에서 하는 험담이나
모욕적인 말들이요. 그래서 무례하고 못된 영화사 임원들이나

다름없었죠.

라이카트

무슨 말인지 알겠어요. 사람들에게 제대로 보수를 챙겨줄 수만

있다면 더할 나위 없을 텐데요.

밴 샌트

그러니까 돈이 더 필요하단 거죠?

라이카트

아마도요. 너무 많이는 필요 없어요. 저는 '쩐주들이 캐스팅을

결정하는 끔찍한 시나리오'에 대한 두려움이 있어요. 이런 소규모

작업의 특징 중 하나는 참여한 사람 중에 적절한 이유 없이 참여하는

사람이 아무도 없다는 거예요. 이런 규모의 영화에 미셸 윌리엄스와

함께 하는 건 행운이죠. 미셸은 자기 장면을 촬영한 후 박스를 들어서

필요한 곳으로 옮기는 일도 해요. 《올드 조이》에 출연한 대니얼

런던과 윌 올덤도 마찬가지에요. 출연진과 제작진 사이에 아주 작은

틈만 존재할 때 좋은 친밀함이 발생하죠. 대신 카메라 워크 같은 건

못한다고 봐야 해요.

밴 샌트

저는 팀원들에게 달리 트랙을 만들지 말라고 요청하곤 했어요.
왜냐면 너무 손이 많이 가는 일이라서요. 근데 저는 팀원들이 카메라
워킹을 원한다는 걸 깨달았어요.

라이카트

그건 트랙 설치하는 데 걸리는 시간과 트랙 비용 때문이죠?

밴 샌트

일이 곧 비용이니까요.

라이카트

시간이 걸리는 건 뭐든지 돈이 들죠. 하지만 같은 비용인데 미숙한
연출부가 조명 하나 달다가 3시간을 써버릴 수도 있잖아요.

밴 샌트

그게 바로 토드가 했던 얘기와 일맥상통하는 거죠. 하지만 제가 2만
달러 영화도 해보고 4천만 달러 영화도 해봤는데….

라이카트

《말라 노체》는 어느 쪽이죠?

밴 샌트

2만 달러였어요.

라이카트

어떻게 2만 달러만 가지고 《말라 노체》를 만들었어요?

밴 샌트

당신이 《올드 조이》나 《웬디와 루시》 만든 거랑 같아요. 저는

배우 3명, 음향 담당, 촬영감독 뿐이었어요. 그리고 각각 700달러씩

주었죠. 카메라 사고, 테이프 레코더 사고, 편집용 리와인더 사고.

그런데 알다시피 그래도 여전히 모든 문제가 다 생겨요.

라이카트

문제의 종류만 다를 뿐이죠.

밴 샌트

제 배우 중 한 명은 비버튼에서 도심까지 알아서 와야 했어요. 촬영을

끊고 그를 데리러 갈 순 없으니까요. 그런데 하루는 그가 여자친구랑 마약을 했었던가, 그런 이유로 나타나지 않은 거예요. 그 장면을 찍을 수가 없어서 영화에 나오기로 한 다른 배우들이 몹시 화가 났었어요. 그는 16살이었고, 저는 "야 인마, 뭐 어때"라고 말했어요. 저는 그에게 고함치지 않았어요. 그의 인품에 맡길 뿐이었죠.

라이카트

저는 정말 운이 좋았네요. 저는 포틀랜드에서 헌신적인 배우와 제작진만 경험해봤거든요. 정말 의지할 수 있고 관대한 사람들이죠. 소규모 제작의 또다른 장점은, 모든 장비를 소형으로 쓰면 모든 사람이 카메라를 의식하지 않는 물리적인 자유를 얻을 수 있다는 거예요.

밴 샌트

《말라 노체》의 경우, 길에 서있는 사람들한테 "이 장면에 10분만 나와줄 수 있을까요?"라고 말했었어요. 그러면 사람들이 참여하고, 완벽한 인물을 얻을 수 있죠. 저는 올드타운 6번가에서 촬영 중이었어요. 이야기 속 배경과 일치하는 장소였고, 영화에 나오는 길에 서있는 사람들은 진짜 행인들이예요. 보행자들, 식료품 가게에 줄서 있는 사람들 모두 완벽했죠. 하지만 지금은 그렇게 할 수

없어요. 영화배우조합(Screen Actors Guild)나 이런 것 때문에 어렵게
됐죠. 그런 점에선 당신이 옳아요. 믿음직한 사람들과 일하면 거지
같은 상황으로부터 자유롭죠.《웬디와 루시》에 나오는 모닥불
주위에 모여 있는 사람들은 정말 리얼해 보이던데요.

라이카트

그 사람들은 실제로 기차를 옮겨 타고 다니는 빈민 펑크족들이에요.
가장 힘든 야간 촬영 중 하나였죠. 그들은 마약과 술을 요구했고,
일부 어린 구성원들은 우리가 취하지 못하게 하는 것에 분개하기도
했어요. 그래도 그들의 진정성으로부터 많은 걸 얻었어요.
불길 사이로 그들을 찍는 것도 무척 좋았고요. 그들의 모습은
아름다웠지만, 그들의 존재를 있는 그대로 묘사하는 과정은 쉽지
않았어요.

밴 샌트

동전의 양면 같네요.

라이카트

맞아요. 하지만 저는 몇 년에 걸쳐서 연기 기술에 완전히 매료됐어요.
미셸처럼 자기 분야의 대가 같은 배우의 섬세한 연기를 보는 건 정말

굉장합니다. 저는 항상 비전문 배우와 함께 촬영하는 게 더 쉽다고 생각했어요. 비전문배우의 연기가 마음에 든다면 그 상황은 더할 나위 없겠지만, 뭔가를 바꾸고 싶을 땐….

밴 샌트

제어가 안돼죠.

라이카트

당신의 영화에는 '연기를 하고 싶다'는 생각을 갖기 전의 연령대의 사람들이 등장하고, 그들로부터 뭔가 특별한 걸 얻어내잖아요.

밴 샌트

《엘리펀트_Elephant_》(2003)의 존 로빈슨 말인가요?

라이카트

네, 아니면 《파라노이드 파크》의 게이브 네빈스도 있죠.

밴 샌트

그냥 캐스팅이었죠. 제 생각엔 20살 이하라면 당신도 할 수 있어요. 30대만 아니면 돼요. 저는 《엘리펀트》를 만들면서 진짜 사람들에게 역할을 맡겨야겠다는 느낌을 받았습니다. 만약 배관공 역할이 필요하다면, 진짜 배관공을 캐스팅하는 거죠. 만약 카 레이서 역할이 필요하다면, 진짜 카 레이서를 캐스팅하는 겁니다. 이건 하나의 이론이에요. 《라스트 데이즈Last Days》(2005)를 만들 때 진짜 록커들을 캐스팅하려고 해봤어요. 정말 정말 색다른 경험이었어요. 20살처럼 특정 나이 이전의 사람들에게는 뭔가가 있어요. 그들은 자유 시간도 많고, 아직 성인이 아니라서 할 수 없는 것도 많고….

라이카트

하지만 제가 실제 삶에서 10대들을 봤을 땐, 그들은 세상에서 가장 자의식이 심한 존재들 같았어요. 근데 당신의 영화에선 어떻게….

밴 샌트

음, 그냥 자의식이 심하지 않는 청소년을 찾아내면 됩니다.

라이카트

《파라노이드 파크》에서 게이브는 정말 완벽한 보디 랭귀지를 보여줍니다.

밴 샌트

그는 그냥 그걸 타고난 사람이었어요. 거리의 아이들을 캐스팅하는
건 훨씬 어려운 일이죠. 《라스트 데이즈》를 만들 때 필요했던 건
25세에서 30세 사이 록커였어요. 진짜 록커요. 그런 특정한 사람이
존재하긴 하지만, 막상 그런 사람을 찾아내면 그들은 영화 출연에
전혀 관심이 없죠. 이야기 속 인물들과 비슷하다는 점에서 우리는
우리의 친구를 사용하곤 했습니다.

라이카트

캐스팅에 있어서 매번 같은 이론을 적용하는 건 불가능하죠. 《웬디와
루시》에서 우리가 경비원 역할로 캐스팅한 배우의 이름은 월터
달튼이에요. 칸영화제 이후 어떤 기사를 보니 그가 포크 가수였다고
연거푸 언급하는 걸 본 적이 있어요. 아마 사람들이 그를 월
올덤이랑 헷갈렸던 것 같아요. 하지만 월터는 원래 TV 작가였어요.
그는 시트콤 시리즈 〈라번 & 셜리_{Laverne & Shirley}〉(1976~1983), 〈바니
밀러_{Barney Miller}〉(1975~1981)를 썼죠. 그가 들어와서 대본을 읽자마자
제 마음에 든 특이한 점이 있었어요. 그는 정말 쿨한 좌파의 삶을
살고 있고, 그의 성격이 그대로 드러나서 우리는 그가 맡은 캐릭터의
이름을 잊어버릴 지경이었어요. 왜냐하면 그 캐릭터의 이름도
월리였거든요. 우리의 로케이션 스카우터 로저 페어스도 영화에

등장해요. 정말 자연스럽죠. 영화에서 로저가 어디 나오는지 아세요?

밴 샌트

네, 알죠. 근데 시간이 좀 걸렸어요. 그래도 결국엔, "잠깐, 저 사람 로저잖아!" 하고 찾았죠.

라이카트

영화 제작 경험에 있어서 가장 좋았던 점이 무엇이었나요?

밴 샌트

언제나 같습니다. 무슨 일이 일어날지 결코 알 수 없다는 것이죠.

Kelly Reichardt by Gus Van Sant
A woman and her dog get stranded
in rural Oregon in Wendy and Lucy,
the filmmaker's latest.
October 1, 2008
BOMB Magazine

"켈리는 언제나 제가 상상한 것보다 더 멀리 나아 갑니다"

《믹의 지름길》, 〈밀드레드 피어스〉 작가 조너선 레이먼드 인터뷰

맷 소렌토

2011.04.30

사진작가에서 감독으로 전향한 감독 켈리 라이카트의 영화
《올드 조이》와 《웬디와 루시》는 '숨은 보석 같은 관조적 영화'라는
찬사를 널리 받아왔다. 하지만 이런 조용한 영화를 만드는 것은 무척
어려운 일일 것이다. 장소와 캐릭터에 대한 라이카트의 날카로운
묘사는 이야기가 마치 우연히 전개되는 것처럼 느껴지게 한다.
아이러니하게도, 그의 집필 파트너(이전 작품들을 비롯해 웨스턴
영화《믹의 지름길》을 함께 썼다) 조너선 레이먼드는 플롯에 가장
많은 공을 들이며, 서사적으로 가장 아무 일도 일어나지 않는 것처럼
보이는《올드 조이》조차 서사가 중요하다고 말했다.

최근 레이먼드는 토드 헤인즈가 연출한 HBO 시리즈를 위해
제임스 M. 케인의 1941년 소설『밀드레드 피어스』를 각색했다.
이 고전은 대공황을 배경으로 그 시절의 야망, 패기, 권모술수를
보여준다.『포스트맨은 벨을 두 번 울린다』와『이중 배상』이후 케인의

소설을 읽은 많은 사람들처럼, 레이먼드도『밀드레드 피어스』를 읽고 '충격과 기쁨'을 느껴 이 감정을 다른 사람들과 나누길 원했다(그 당시에 그는 영화 제작과는 거리가 먼 소설가였다). 케이트 윈슬렛이 이 범상치 않은 작품에 참여하기로 한 덕분에 헤인즈는 레이먼드에게 협업을 통해 자신 만의 방법으로 작품을 만들 수 있는 기회를 제공했다.

최근 진행한 유선 인터뷰를 통해 레이먼드는 맷 소렌토와 〈밀드레드 피어스〉와《믹의 지름길》, 그리고 다른 주제들에 관해 의견을 나눴다.

· ·

맷 소렌토

(이하 소렌토)

《믹의 지름길》의 작가로 당신을 처음 알게 된 후, 당신이 HBO의 미니시리즈 〈밀드레드 피어스〉까지 참여했다는 소식을 들었습니다. 이 시리즈에는 어떻게 참여하게 된 건가요?

레이먼드

저는 사실 켈리 라이카트를 통해서 토드 헤인즈를 만났어요. 제가

토드를 만난 건 2000년 쯤이었어요. 그가 포틀랜드로 이사오고,
저는《파 프롬 헤븐》의 제작을 보조했죠. 그때부터 지금까지
우리는 가까운 친구 사이예요. 『밀드레드 피어스』는 한동안 제가
주변사람들에게 엄청 추천하고 다녔던 책이에요. 그리고 토드도
그 중 한 사람이었죠. 결국 그는 이걸 미니시리즈로 만들기로 했고,
고맙게도 저에게 각색을 맡아 줄 수 있는지 요청했죠.

소렌토

《파 프롬 헤븐》으로 돌아가 볼까요(이 영화에서 레이먼드는 '슬래츠
그로브니크'라는 이름으로 헤인즈의 조수를 맡았다)? 아마 영화
제작을 경험할 수 있는 최고의 기회였을 거 같은데요.

레이먼드

정말 최고였어요. 그 전에는 영화 촬영장에 그렇게 많이 가본
적이 없었어요. 그런 제가 갑자기 영화 제작 전 과정을 아우르는
요직에 앉은 거죠. 그때 정말 많은 걸 배웠어요. 토드가 영화를 만들
때면 배울 게 정말 많아요. 그는 방대하게 자료 조사를 하고 그가
다루는 어떤 주제든지 전문가가 되죠. 그럼 마치 삼투압 현상처럼
주변사람들도 자연스럽게 배우는 게 생겨요. 저는《아임 낫 데어I'm
Not There》(2007)에 참여하지는 않았고 그저 주변에 있었을 뿐인데

밥 딜런에 관한 세미나를 들은 적도 있어요. 〈밀드레드 피어스〉를 만들면서는 대공황에 관해, 닭요리에 관해, 그리고 오페라 음악에 관해 정말 많이 공부했습니다.

소렌토

저도 소설『밀드레드 피어스』를 읽고 이 이야기는 음모에 관한 것이라기보다 치킨과 파이 굽기에 관한 이야기라고 느꼈어요. 그 모든 사실적인 묘사들 때문인데요. 당신은 어떻게 보셨나요?

레이먼드

전적으로 동의해요. 제게 이 책을 읽는 건 충격과 기쁨이었어요. 『포스트맨은 벨을 두 번 울린다』와 『이중 배상』을 비롯해 케인의 몇몇 작품들을 읽어본 적이 있었어요. 그 특유의 하드보일드한 기술이 정말 좋았죠. 하지만『밀드레드 피어스』를 읽을 엄두는 안나더군요. 이 소설은 19세기 자연주의 프랑스 소설 같은 완전히 사회적인 소설이니까요. 이 소설이 묘사하는 30년대 LA는 이전에 제가 봐온 어떤 것과도 다르고 신선했어요. 톤도 완전히 달랐죠. 읽으면서 정말 깜짝 놀랐던 소설이에요.

소렌토

HBO에게 『밀드레드 피어스』 제작을 따내는 건 어렵지 않았나요?

레이먼드

어렵지 않았어요. 케이트 윈슬렛이 초반부터 함께하기로 했고, 그래서 토드 헤인즈는 다양한 패를 손에 쥐고 그들과 대화를 할 수 있었죠. 『밀드레드 피어스』의 경제 담론이 시사적으로 적절하기도 했고요.

소렌토

듣기로는 토드 헤인즈가 『리틀 칠드런』을 미니시리즈로 만들고 싶었는데 HBO가 거절했다던데요?

레이먼드

와, 그거 흥미롭네요. 저는 소설을 각색하기에 영화보다 미니시리즈가 더 적합하다고 생각해왔어요. 아마 많은 영화 감독들도 그 길을 가길 원할 거라고 생각해요. 분명 소설가들도 그걸 더 원할 거예요.

소렌토

《믹의 지름길》을 〈밀드레드 피어스〉와 비교해서 볼 때, 배경 설정의 중요성에 대해 질문하고 싶습니다. 당신은 배경 설정을 작업의 출발점으로 보나요?

레이먼드

저는 오리건주에 살고 있고, 주로 제 픽션도 이곳을 중심으로 이뤄집니다. 저는 이 장소에서 일어날 법한 이야기를 찾는 걸 좋아해요. 《믹의 지름길》은 전적으로 지역주의 충동에서 비롯한 이야기입니다. 오리건 동부의 지리는 언제나 저를 압도합니다. 알려지지 않고, 기록되지 않은 것이 많죠. 주 면적의 2/3가 사막인데, 아주 독특하고, 다양하고, 낯선 형태의 사막입니다. 이런 점이《믹의 지름길》을 만든 이유 중 하나였어요. 저는 켈리가 이곳에 카메라를 들고 오면 어떤 일이 일어날지 궁금했습니다. 그는 풍경에 민감하고, 저는 그가 그곳에서 무엇을 발견할지 궁금했거든요.

소렌토

라이카트는 비주얼에 강한 사람이니, 이야기를 쓸 때 그를 위해 생각했던 어떤 이미지가 있었나요?

레이먼드

그렇기도 하고 아니기도 해요. 저는 언제나 이미지를 생각하는 사람인 거 같아요. 하지만 켈리와 함께할 땐, 그가 작업할 수 있도록 빈 공간을 제공하는 편이에요. 제 대본은 이미지를 강요하지 않습니다. 특정한 감정을 제공하려고 노력하죠. 이런 점에서 저는 켈리의 리듬과 호흡을 인지했고, 무언가를 암시하려고 노력하지만, 그냥 한 발 비켜서서 어떤 일이 일어나도록 내버려 두는 게 진짜 중요한 거 같아요.

소렌토

라이카트가 시나리오로 무엇을 할 수 있는지 보는 건 정말 놀라운 일이죠.

레이먼드

켈리는 언제나 제가 상상한 것보다 더 멀리 나아 갑니다. 그의 눈은 정말 세밀하고 특별해요. 그는 원래 사진 전문이었기 때문에 그의 작업에서 구성적 감각이 도드라집니다. 그는 물론 훌륭한 촬영감독들과 작업하기도 했지만, 카메라워크에 아주 적극적으로 개입합니다. 때때로 켈리의 영화들은 아주 훌륭한 스틸 이미지가 이어지는 사진첩처럼 보이기도 해요.

소렌토

저는 현재 대학에서 서부극에 관한 강의를 진행 중인데, 《믹의 지름길》도 수업에 넣어야겠어요. 시나리오를 쓸 때 장르에 관해 많이 생각했나요?

레이먼드.

저는 굉장한 서부극 애호가는 아니에요. 대신 그 장르에 대한 저만의 이해를 갖고 있었죠. 저는 장르에 대한 이해를 책에서 더 많이 얻었어요. 이 프로젝트도 코맥 매카시의 『핏빛 자오선』의 영향을 많이 받았죠. 저에게는 이 작품이 장르에 대한 일종의 총합처럼 느껴져요. 예전부터 그의 작품 속 복수심에 불타고 피에 굶주린 만화 같은 캐릭터 중 하나를 평범한 사람들의 세계에 집어넣으면 어떨까 하는 생각을 자주 했어요. 만약 그런 무법자를 실제로 마주하게 된다면, 사람들은 어떻게 반응할까요? 제게 장르에 들어간다는 건, 그런 신화적인 존재를 일상의 맥락 속에 놓아두고 어떤 일이 벌어지는지를 지켜보는 일이었어요.

소렌토

작품이 멜로드라마가 되는 걸 피하기 위해 대사를 절제하는 편인가요?

레이먼드

글쎄요, 그런 면에서는 확실히 절제하려고 하는 편인 것 같아요. 《믹의 지름길》의 대사는 좀 특이했어요. 시대극이니까요. 그렇다고 너무 고풍스럽게 느껴지는 건 또 원하지 않았어요. 이 작업에서 도움이 됐던 흥미로운 책이 하나 있었는데, 스탠리 베스탈이 쓴 『조 믹, 즐거운 산사람』이에요. 스티븐 믹의 형인 조 믹의 전기인데, 그 시대의 유명한 산악인이죠. 조는 로키 산맥 모피 회사(Rocky Mountain Fur Company)의 창립자 중 한 명이었고, 킷 카슨 같은 사람들과도 어울렸어요. 그야말로 '조 믹 같은 타입'을 만들어낸 인물이었죠. 스티븐 믹은 그에 비해 이류 산악인에 가까웠고, 《믹의 지름길》에 나오는 실패한 원정으로 더 알려졌죠.

제가 읽은 『조 믹』 전기는 1950년대에 쓰인 책인데, 느낌이 마치 코맥 매카시와 보이스카우트 가이드북이 만난 것 같았어요. 개척지에서 벌어진 끔찍한 일들을 '자, 이 정도는 애들 장난이지!'라는 식으로 가볍고 쾌활하게, 대니얼 분 스타일로 서술하고 있었죠. 톤이 우습긴 했지만 잘 쓰여 있었고, 《믹의 지름길》의 대사를 쓰는 데 꽤 도움이 됐어요. 결국 제가 시도한 건, 1950년대 사람이 상상한 1850년대의 말투와 감각을 끌어내는 일이었죠.

소렌토

저는 《믹의 지름길》가 '중간 항로'에 집중하고 있다고 느꼈어요.
서부극이라는 장르는 보통 결말과 해소에 초점을 맞추잖아요.
그런데 당신의 이야기는 그 중간을 택한 점이 인상 깊었어요.

레이먼드

그러고 보니, 진짜로 '중간'에 관한 이야기일지도 모르겠네요. 그렇게
생각해본 적은 없었는데요. 확실히 앞부분을 많이 생략하긴 했죠.
저는 이야기가 이미 진행 중인 상태에서 시작하는 걸 좋아해요. '인
메디아스 레스(in medias res)'' 방식이죠. 그리고 갑작스럽게 끝나는
이야기들도 별로 신경 안 써요. 이 영화는 제한된 정보로 결정을
내려야 하는 공동체가 미지의 세계에 대한 자기 자신의 태도와
마주하게 되는 이야기입니다. 그래서 이 영화는 무지하고 불완전한
순간에 끝나는 게 적절해 보였어요.

---

* 사건의 도입부부터 서술을 시작하는 것이 아니라 이야기의 극적인
사건부터 시작한 뒤에 회상 등의 형식으로 그 뒷이야기를 풀어나가는
방식.

소렌토

그게 저는 참 좋았어요. 서부극은 대체로 마지막에 반드시 어떤 일이 벌어져야 한다는 압박을 안고 있잖아요.

레이먼드

맞아요, 이 영화는 서부극을 완전히 다른 시선으로 바라보려는 시도였어요. 서부극이라는 장르는 보통 '개인'과 '폭력을 통한 구원'이라는 개념에 얽매여 있죠. 그런데 저한테 이 영화는 공동체에 대한 이야기이고, 비폭력의 드라마예요. 누군가를 죽이지 않는다는 선택을 어떻게 드라마로 만들 수 있을까? 그게 굉장히 흥미로운 극작적 질문이었죠.

소렌토

영화의 결말이 신념에 대한 질문을 던지는 점이 마음에 들었어요. '우리는 앞으로 나아갈 믿음을 가지고 있는가?'라는 질문이요.

레이먼드

저에게 있어 '신념'이라는 건, 바로 이 '알 수 없음'의 심연에 우리가 투사하는 것이에요. 그리고 거기서 이야기는 정치적인 함의도 가질 수 있죠. 어떤 질문에 대해 답을 모른다고 가정할 때, 당신은 그 무지 속에서 무언가를 파괴하는 쪽으로 나아갈 건가요? 아니면 더 많은 정보를 기다리는 쪽을 택할 건가요?

소렌토

당신이 만든 캐릭터들이 정말 인상 깊었어요. 예를 들어 믹 같은 인물을 만들어내는 데 특별한 영감이 있었나요? 제게 그는 일종의 '거짓 선지자'처럼 느껴졌거든요.

레이먼드

믹은 쓰는 재미가 있었어요. 등장인물 중 가장 개성이 강했고, 자기기만적인 확신 같은 게 있었죠. 재치 있는 대사도 거의 그가 맡았고요. 이상하게도, 그는 꽤 자연스럽게 써졌어요.

소렌토

게다가 그에게는 요즘 사람 같은 뻔뻔함도 있었어요. 뭔가 좀 특이한 하이커 같달까요.

레이먼드

맞아요. 그런 유형의 인물은 왠지 꽤 오랫동안 유효했던 것 같아요.

이런 식의 인물은 사람들의 시선을 강하게 끌죠. 여기 오리건 지역에서는 특히, 많은 사람들이 그런 캐릭터에 공감하는 면이 있어요.

소렌토

그리고 제일 좋아하는 캐릭터는 바로 그 아메리카 선주민 역할이에요. 그 인물은 제 마음에 평생 남을 것만 같아요.

레이먼드

그는 정말 굉장한 연기를 펼쳤죠!

소렌토

촬영 전에 그 캐릭터를 어떻게 구상하셨나요?

레이먼드

저는 항상 그 캐릭터를 더 멍청한 인물로 생각했었어요. (19세기 말) 아메리카 선주민 사진에서 볼 수 있는 더 평범한 외모를 생각했죠. 사실 처음에 캐스팅했던 배우와 문제가 생겼었어요. 일을 진행할 수 없었죠. ('인디언' 역할을 맡은) 로드 론듀스는 막판에 이 작품에 뛰어들었어요. 그는 우리가 처음부터 눈여겨본 두 번째 후보였는데,

체격이 워낙 강인하고 인상적이어서, 너무 '위협적인 타자(他者)'라는 고정관념을 건드릴까봐 조금 망설였어요. 하지만 그는 이 역할에 정말 추상적인 느낌을 불어넣어 줬어요.

그리고 그가 사용하는 언어도 정말 흥미로운 여정이었죠. 저는 대사를 영어로 썼고, 그걸 케이유스(Cayuse) 부족의 언어로 번역해서 사용하고 싶었어요. 다행히 오리건 펜들턴에 있는 보호구역에서 정말 친절한 분들을 만나게 됐죠. 그분들이 대사를 케이유스어와 가장 가까운 언어인 네즈 퍼스(Nez Perce)어로 번역해줬어요. 왜냐면 현재 케이유스를 구사할 수 있는 사람은 전 세계에 단 세 명밖에 없거든요. 보호구역 분들이 대사를 발음 기호로 정리해서 녹음까지 해주셨고, 로드는 그 테이프를 들으며 소리로 외웠어요. 정말 엄청난 일이었죠. 저 같으면 절대 못 했을 거예요. 그런데 그는 이런 걸 아주 잘하는 배우예요. 그의 모국어는 크로우(Crow)어이고, 그 외에도 다섯 개에서 일곱 개 정도의 다른 선주민 언어를 할 줄 알거든요. 네즈 퍼스어를 몰라도 귀로 익히는 능력이 있어서 해낼 수 있었던 거죠.

소렌토

그는 정말 멋진 방식으로 '타자성(otherness)'을 표현해줬어요. 때로는

그의 대사가 아시아 언어처럼 들리기도 했고, 전체적으로 보면
그들의 세계와는 완전히 다른 존재처럼 느껴졌죠.

레이먼드

그건 정말 미묘한 균형이에요. 이 영화는 결국 이민자들이
그 인물에게 투사하는 이미지들에 관한 이야기거든요. 그
투사들을 보여주되, 동시에 그걸 그대로 답습하거나 빠져들지
않는 것이 목표였죠. 즉, 백인 인종주의에 대해 말하되, 그것을
'공연'처럼 재현하지 않는 방식으로요. 그 캐릭터는 다루기 어려운
인물이었어요. 참고할 만한 정보나 배경이 거의 없었으니까요.
하지만 로드는 그런 상징적이고 토템적인 역할을 하면서도, 동시에
자기만의 정체성을 유지하는 인간적인 모습을 보여줬어요. 정말
놀라운 연기였죠.

소렌토

《믹의 지름길》과 〈밀드레드 피어스〉를 당신의 사적인 작품이라고
생각하나요?

레이먼드

《믹의 지름길》은 확실히 제 개인적인 작품이라고 느껴요. 그리고

제가 하는 다른 작업들과도 연결되어 있다고 생각하죠. 물론 엄청난 협업이긴 하지만, 그 영화에는 제가 더 깊이 관여했고 개인적으로 더 많은 걸 걸었다는 느낌이 있어요. 〈밀드레드 피어스〉도 토드와 함께한 작업에 대해 정말 자랑스럽게 생각하지만, 제 머릿속에서는 그건 어디까지나 토드 헤인즈와 제임스 M. 케인의 협업에 더 가까운 프로젝트예요. 그 안의 인물들이나 상황은 《믹의 지름길》처럼 제 안에서 나온 것들이 아니었거든요.

소렌토

《믹의 지름길》을 쓸 때, 줄거리 때문에 제약을 느끼셨나요? 라이카트 감독과 함께한 다른 시나리오들, 예를 들어 《올드 조이》나 《웬디와 루시》는 훨씬 더 에피소드식 구조잖아요.

레이먼드

《믹의 지름길》는 실제 있었던 사건에서 영감을 받았어요. 당시에 쓰인 기록들이 꽤 많이 남아 있죠. 하지만 저는 그 역사적 사실에 충실하려고 하진 않았어요. '길잡이 하나를 믿고 길을 잃은 마차 행렬, 그 길잡이가 악하거나 멍청한 사람일지도 모른다'라는 아이디어가 생긴 순간부터, 이건 역사극이 아니라 픽션 프로젝트가 되었어요.

사실 저는 플롯에 꽤 의존하는 편이에요. 플롯을 통해 리듬감을 파악할 수 있고, 사건과 사건 사이의 빈틈을 채울 수 있게 되죠. 제 생각엔 《올드 조이》조차도 나름의 플롯이 있어요. 전통적인 구조는 아니지만요. 하지만 《올드 조이》랑 비교하면, 《믹의 지름길》은 거의 스릴러예요. 뭐, 그런 식으로 보면 《웬디와 루시》조차 《올드 조이》에 비하면 스릴러죠.

Of Time and Place:
An Interview with Writer Jon Raymond
on Meek's Cutoff and HBO's Mildred Pierce
Matt Sorrento
April 30, 2011
Bright Lights Film Journal

우리 모두 뭔가를 폭파하는 건 어떨까요?

켈리 라이카트의 《어둠 속에서》

바딤 리조브

2014.05.30

《어둠 속에서》에서 제시 아이젠버그의 음울하고 신경질적인 강렬함은 또 다른 적절한 화신을 찾는다. 그의 캐릭터 '조쉬'는 환경 운동가로, 눈에 보이는 반쪽짜리 조치들에 만족하지 못하고 전직 해병대원 친구 '허먼(피터 사스가드)'과 '디나(다코타 패닝)'의 도움을 받아 에코 테러리즘/액티비즘 활동으로서 댐을 폭파할 계획을 세운다. 이를 위해 그들은 수상할 정도로 많은 질산암모늄과 그것을 운반할 배를 구입해야 한다. 그에게 낚시배를 파는 교외의 중년 남자는 악의 없는 태도를 보이지만, 우리는 그와 그의 주변을 조쉬의 분노 어린 시선으로 보게 된다. 뒷마당의 인공 폭포는 자원의 명백한 낭비이며, TV 속 골프는 최후의 모욕이다. 그 모욕이 꼭 물을 과도하게 소비하는 넓은 토지를 과시 소비나 레저 용도로 경작하는 것만큼 노골적일 필요는 없다. 《컨테이젼$_{Contagion}$》(2011)이 관객들로 하여금 모든 표면을 중립적인 대상이 아니라 바이러스가 번식할 수 있는 잠재적 환경으로 보게 만들었던 것처럼,《어둠 속에서》는 일상의 물리적 요소들을 끊임없이, 그리고 정당하게 분노하는 환경운동가의 시선으로 바라보게 만든다.

《어둠 속에서》는 '동일 시간 보장(equal time)'이라는 교묘한 발상을 거부한다. 즉, 환경 문제에 격앙된 인물이 등장하면, 그에 상응하는 목소리로 "기후 변화는 앨 고어와 유착 관계에 있는 기업들이 꾸민 음모론"이라거나 "태양 흑점 확장의 결과일 뿐"이라고 비웃는 의견을 제시하며 균형을 맞추지 않는다(지적 신뢰성을 위해서라도 그것이 옳다). 대신《어둠 속에서》는 환경 운동가의 기여, 헌신, 그리고 기존 질서에 대한 반발을 점진적으로 제시하고 관객에게 스스로 이 스펙트럼 중 어디에 위치하는지 생각해 보라고 묻는다. 조쉬가 일하는 가족 농장은 주변 환경에 최소한의 피해만 끼치면서 자급자족하는 작은 공동체인데, 이는 더 큰 선을 향한 발판이라기보다는 원칙적인 생태주의자들이 모여드는 피난처에 가깝다. 라이카트 특유의 인내심과 시각적 정밀함은《믹의 지름길》보다 조금 더 미학적으로 대중 친화적이다. 거스 밴 샌트의 《제리Gerry》(2002) 풍으로 사막을 추상화해 느릿하게 패닝 하는 장면은 더 이상 없다.《어둠 속에서》는 계획을 세우고 그것을 비교적

---

* 라디오 및 텔레비전 방송국이 어떤 정치인 후보의 메시지를 방송할 경우, 상대 후보에게 동일한 조건의 방송 기회를 제공할 의무.

신속하게 실행한다.

《어둠 속에서》는 켈리 라이카트가 작가 존 레이먼드와 함께 오리건에서 만든 네 번째 장편 영화이자, 아래에서 그가 밝히듯 당분간 그 주에서 만든 마지막 작품이 될 것이다. 《올드 조이》, 《웬디와 루시》, 《믹의 지름길》과 마찬가지로, 《어둠 속에서》는 앞 세대에 의해 이미 결정되거나 영구적으로 망가져버린 적대적인 풍경을 떠도는 자유주의 미국 시민들의 초상인 동시에 환멸에 지친 활동가의 터져 나오는 직언을 담고 있다. 《어둠 속에서》는 소극적으로 저항하는 농장의 모습을 사실적으로 묘사하며, 또한 자유주의를 향한 분노에 차 있으면서도 패배주의적인 드라마로서 오래도록 불편함을 남긴다. 영화는 스스로 만들어낸 안전지대를 벗어나려 시도하지만 끝내 실패한다.

• •

바딤 리조브

(이하 리조브)

제가 이 영화에서 인상 깊었던 부분은 위악적인 대립항이 없다는 거예요. 영화는 전적으로 환경을 중요하게 생각하는 공동체를 중심으로 진행됩니다. 이 영화는 '기후변화는 실재하는가'를

질문하지 않습니다. 기후변화에 대응하기 위해 무엇을 해야 하는
가를 질문하죠.

라이카트

우리는 세상 속에 살고 있으니, 세상에서 있을 법한 대화가
등장해야하죠. 만약 제가 티 파티의 세상에 들어갔다면, 티 파티의
구성원들은 아마⋯ 그 사람들이 무슨 얘기를 할지는 당최 생각이
안나네요. 아무튼, 우리는 세상 속에 있습니다. 세상에는 무수히
많은 견해 차이, 그리고 당위의 정도 차이가 있습니다. 이 영화 속
인물들이 사는 세계에는 기후 변화에 대해 의문을 품는 사람은
존재하지 않습니다. 그런 사람들 알지 못하겠죠. 그런 사람들은 옆
농장에서 아이를 홈스쿨링으로 키우고 자급자족하며 살고 있을
거예요. 자유주의 가족은 아마 옆집에 살고 있을 거예요. 세상은 그런
곳이니까요. 극좌 바로 옆집에는 극우가 있죠.

우리는 문자 그대로는 아니지만 『죄와 벌』, 『미국의 목가』, 윌리엄
스태퍼드의 시 같은 것들을 염두에 두고 작업했어요. 자료 조사를
하면서 우리가 고민한 건 '톤'이었어요. 로버트 애덤스나 저스틴
컬랜드의 사진을 보면 풍경 속 발자국을 응시하게 되잖아요.
오리건이나 미국 북서부에 살면 그런 게 늘 공기 속에도 있고,

신문에도 실려 있어요. 댐에 관한 대화가 끊임없이 이어지는 곳이죠. 점거 운동도 북서부에서 댐에서 부분적으로 이루어졌어요. 저는 70년대에 성장했는데, 어릴 때 뉴스에 패티 허스트 사건[**]이 나왔고, 그게 저에게 큰 인상을 남겼죠. 또 앤젤라 데이비스의 재판[***]도 있었고요. 저는 마이애미에서 자랐는데, 전례없이 광포한 시대였고, 아버지는 20년 동안 폭발물 처리반에 계셨어요. 하이재킹의 시대였죠.

리조브

당신은 로베르 브레송의 영향을 많이 받았죠. 영화의 오프닝 생태 재앙에 관한 몽타주는 《아마도 악마가 *Le diable probablement...*》(1977)의 몽타주를 떠올리게 합니다. 이 부분은 의도한 것인가요?

라이카트

저는 의도한 게 맞지만, 존은 의도하지 않았어요. 최근에 리차드 헬이 이 영화를 '역대 최고 펑크(punk) 영화'라고 쓴 걸 읽었는데, 맞는

[**]   좌익 게릴라 집단 공생해방군(SLA)이 신문재벌 윌리엄 랜돌프 허스트의 손녀 퍼트리샤 허스트를 납치한 사건. 퍼트리샤 허스트는 납치 이후 SLA의 범행에 동참하다 체포되었다.

[***]   미국의 흑인 민권 운동가, 1970년 조너선 잭슨에 의한 법원 총격 사건에 연루되었다는 혐의로 기소되었으나 무죄 판결을 받았다

말이에요. 무슨 말이냐면, 정말 많은 영화가 이 영화 안에 있어요.
《공포의 보수 Le Salaire De La Peur》(1952), 《알제리 전투 La battaglia di Algeri》(1966),
파스빈더의 《제3세대 Die Dritte Generation》(1979), 《아마도 악마가》, 그리고
고다르의 《중국 여인 La Chinoise》(1967)의 마지막 부분에 학생과 교수가
나오는 긴 장면이 있어요. 혁명을 공부하는 학생에게 교수는 "그
다음엔 뭘 할 거지?"라고 묻습니다. 왜냐하면 그들은 어떤 큰 행동을
준비하고 있었거든요. 그러자 학생은 "우리는 상황을 계속해서
연구할 거예요"라고 말합니다. 그들은 언뜻 극렬 무정부주의자인
것처럼 보이지만 벨벳 의자에 앉아서 차를 마시고 있어요. 정말 웃긴
영화예요.

리조브

지금도 촬영이 끝날 때마다 휴식을 위해 오리건에서 뉴욕까지 차를
운전하나요?

라이카트

그건 휴식을 취하기 위해서가 아니에요. 저는 뉴욕에서 학생을
가르치고, 오리건에서는 영화를 찍기 때문에 작년에도 네 번이나 그
길을 운전했어요. 이번 영화가 개봉하고 나서도 그래야 할지 고민
중이에요. 휴식을 위한 게 아니라, 제 개가 비행기를 못타서 그래요.

예전에는 긴장을 풀려고 운전했지만, 루시라는 개가… 글쎄요, 저는 한 번도 개를 비행기에 태워본 적이 없어서 그냥 운전하는 거예요.

리조브

댐 폭파 장면을 찍기 위해 어떻게 허가를 받았나요?

라이카트

이번 영화에는 세 명의 로케이션 담당자가 있었어요. 엄청난 답사 작업이었죠. 그중 한 명은 오직 댐만 맡았어요. 로저 페어스라는 담당자가 저를 20개가 넘는 댐으로 데려갔어요. 그가 정확히 몇 개의 댐을 갔는지는 모르겠네요. 댐 쪽 사람들은 어느 정도는 호의적이었고, 사실은 제 프로듀서 닐 코프가 그쪽에서 일하는 누군가와 관계를 맺으면서 1년 넘게 이어진 거예요. 우리가 처음 답사를 갔을 때부터 시작해서요. 댐 측에서도 돈이 필요했고, 우연히도 대화에 열려 있는 사람을 찾아서 그에게 의지하게 된 거예요. 실제로는 아마 1년 이상 그들과 얘기를 나눴던 것 같아요.

우리 댐 담당자는 제가 처음으로 기술 답사를 나갔을 때 보트를 타고 안내해 준 사람이었는데, 우리가 물 위에 있었던 그 지역에서 자라난 사람이었어요. 그는 자기 보트에서 이렇게 말했죠. "나는 농장에서 자랐고, 저 숲은 우리가 사냥을 하던 곳이에요." 그래서 제가 "와, 이곳이 저수지가 되었을 때 정말 충격이었겠네요"라고 하니, 그는 "아뇨, 저는 낚시가 좋아요. 낚시도 괜찮아요. 전 사냥꾼이었는데, 이제는 어부가 된 거죠"라고 대답했어요. 그는 발밑의 전체 풍경이 바뀌어버린 일을 그저 담담하게 받아들였던 거예요. 하지만 그는 여전히 그곳에 살면서 일자리를 얻었지만, 그의 이웃들은 그렇지 못했죠.

댐보다 더 어려웠던 건 비료 상점이었어요. 어느 날 닐 코프, 존 레이먼드, 그리고 제가 촬영하고 싶은 비료 상점에 들어가서 그냥 무심하게, 무슨 일이 일어날지 보려고 질산암모늄을 살 수 있냐고 물어본 적이 있어요. 그러자 어떤 사람이 우리 차량 번호를 적더니 "FBI에 신고하겠다"라고 했어요. 그래서 우리가 "아, 저희는 영화 제작 중이에요"라고 말했더니, 그 사람은 "말 같지도 않는 소리"라고 하더군요. 그래서 결국 그 장소는 물 건너갔죠.

리조브

아서 펜의 《나이트 무브스_{Night Moves}》(1975)와 제목이 겹치는 문제는 촬영 초반부터 논의가 되었을 것 같은데요.

라이카트

그 영화는 제가 어렸을 때 많은 시간을 보냈던 플로리다 키스 제도에
계신 조부모님 집 근처에서 촬영됐어요. 우리는 배 이름을 찾고
있었고, 영화 제목도 배 이름이었으면 했죠. 닐 코프가 오리건에
작은 요트를 가지고 있었는데, 계속 어처구니없는 배 이름을
가져오더군요. 그중 하나가 '나이트 무브스'였는데, 우리 영화에 딱
맞았어요. 처음엔 임시 제목으로 생각했지만, 점점 애착이 생겨서
그냥 "그래, 이거다" 하고 쓰게 되었죠.

리조브

부정적인 뜻으로 말하는 건 아니지만, 이번 영화는 《믹의
지름길》이나 이전 오리건 작품들만큼 의식적으로 엄밀하게 만든 것
같지는 않아요.

라이카트

이건 다른 영화예요. 《믹의 지름길》은 어느 정도 단조로움에 대한
영화죠. 바퀴가 덜컥거리며 삐걱거리는 소리를 내는 바퀴와 함께,
마치 사막을 6개월 동안 걷는 것 같은 느낌을 주기 위해 반복적인
패턴과 사운드 디자인을 사용했어요. 이번 영화는 유기농 농장
사람들이 새로운 삶의 방식을 찾으려는 이야기예요. 전통적인

하이스트 영화의 틀을 갖추고 있지만, 시각적 접근, 영화 언어, 스토리텔링은 이 영화가 더 모호한 영화라는 사실을 반영하죠. 하지만 동시에 캐릭터들은 명확한 전략과 달성해야 할 과제를 가지고 있어요. 영화적으로 그 전략을 조금 더 촘촘히 잡고, 그 다음에는 열린 형태로 진행하려고 했죠. 캐릭터들이 계획이 적고 상황을 완전히 통제할 수 없게 되면, 촬영 방식도 그 시점에서 약간 바뀌어요.

그 농장은 실제로 운영 중인 농장이었고, 우리는 그들의 생업 한가운데에 들어간 셈이에요. 경찰들은 실제 경찰이고, 캠핑객들은 미리 섭외한 사람들이지만, 촬영 당일 그들은 자신의 보트와 캠핑카를 가져왔어요. 비료 가게 사람들도 대부분은 그냥 비료 가게 직원들이에요. 한번은 제가 의상 디자이너 비키 패럴과 함께 창밖에 있는 비료 가게 직원 두 명을 배우들의 룩에 참고하기 위해 관찰했었어요. 하루가 끝나고 나서야 그들이 엑스트라였다는 걸 알게 되었죠. 그래서 비료 가게 장면에 나오는 사람 중 누가 엑스트라고 누가 직원인지 잘 모르겠어요.

현장에 있는 사람들은 항상 "나는 찍히고 싶지 않아요"라고 말하지만, 촬영을 시작하면 참여하고 싶어 하죠. 실제 얼굴을 쓰는 건 좋고, 때로는 전혀 연기 경험이 없는 사람들이 조금 연기해본 사람들보다 더 나은 연기를 보여줄 때도 있어요. 조금 연기해본 사람들은 연기를 너무 많이 하거나 전혀 안 해본 사람들보다 더 어려움을 느낄 때가 있죠. 경찰 장면이 그 완벽한 예예요. 그 경찰은 실제라면 이 주인공들을 절대 통과시키지 않았을 거라고 말했지만, 촬영할 땐 굉장히 자연스럽게 대했어요.

리조브

앞으로도 계속 오리건에서 작업할 계획인가요?

라이카트

현재로선 이걸로 끝이에요. 지금은 존 레이먼드와 같이 작업하지 않고 있어요. 그는 다른 일을 하고 있죠. 글쎄요, 좀 변화를 줘야 할 것 같아요. 그 주에서 벗어나야겠다는 생각도 들고요. 물론 그 주를 좋아하긴 하지만, 뭔가 다른 걸 시도해보려고 해요. 사막, 오래된 숲, 협곡 다 영화에 사용해본 적 있는데 바다에 관해 써본 적은 없네요.

리조브

대도시에서 촬영해볼 생각은 있나요?

라이카트

저는 유명 배우들과 정해진 틀을 벗어나는 작업을 하는 게 좋아요.
가장 좋은 건 핸드폰이 터지지 않는 곳에 가서 다같이 몰입하는 거죠.
저는 그냥 사람들과 멀리 나가서 자연경관을 경험하는 게 좋은 거
같아요. 저는 영화를 만들기 전까지는 꽤 평탄한 삶을 살았거든요.
《웬디와 루시》를 찍을 땐 촬영이 끝나면 모두 집으로 돌아갔어요.
영화의 가장자리에 삶이 껴있죠. 그냥 집을 떠나서 다함께 있는 게
좋아요.

《믹의 지름길》은 허허벌판 한가운데에서 찍었잖아요. 이기적이지만
저는 그게 정말 좋았어요. 촬영 후에 뭔가를 겪었다는 느낌이 들고,
배우들도 너무 자유로워요. 아무도 없으니까요. 제가 트위터를
안해서 잘 모르지만, 사람들은 영화를 만드는 동안 인터넷 세상과
대화를 하죠. 저는 그게 이해가 안돼요. 영화를 만들 땐 정신
없어야죠! 저는 눈에 핸드폰이 걸리는 게 싫어요. 저는 그냥 세계
속에 있는 게 좋아요.

리조브

당신은 이게 논쟁을 위한 영화가 아니라고 했지만, 어쩔 수 없이 몇몇
관객들은 이 영화로 논쟁을 벌이게 될 거 같아요.

라이카트

우선 저는 이 영화가 인물 중심의 영화라고 생각해요. 그게 저희가 시나리오를 쓸 때 접근했던 방식이죠. 저는 모든 영화가 하루 끝에 질문을 던지길 희망해요. 영화는 누군가가 이미 가진 생각을 강요하기 위해 존재하지 않습니다. 질문이 있어야 하고, 그 질문이란 이런 겁니다. 좋은 해결책 있나요? 새로운 해결책을 추가할 수 있을까요? 만약 폭파가 우리가 할 일이 아니라면, 지금 당장 무슨 일을 해야할까요? 우리가 벼랑 끝에 몰린다면, 그리고 정부는 분명 석유 산업과의 유착으로 우리를 돕지 않을 게 분명하다면, 상황이 정말 정말 절박하다면, 우리 모두 뭔가를 폭파하는 게 어떨까요?

우리가 내린 결론은 아마도 보통 사람들은 자기 이념이나 직관을 완전히 신뢰하지 못한다는 거예요. 세상이 전적으로 근본주의적 사고로 가득한 건 아니죠. 조쉬는 근본주의자예요. 그는 자신이 속한 세계를 전적으로 신봉하는 인물이고, 존 레이먼드는 이런 점을 깨부수길 원했죠. 솔직히 말해 무언가를 폭파하는 건 꽤 나쁜 아이디어라고 생각해요. 댐을 부수는 것 뿐만 아니라, 젊은이들이 평생을 감옥에서 보내며 다음 세대를 맞이하는 건 아마 최선의 계획이 아니겠죠. 하지만 도대체 지금 당장 우리는 무엇을 해야 한단

말이냐고요. 이 질문에 대한 답은 이 영화를 만드는 동안에도 찾지
못했어요.

Why Don't We All Go Blow Stuff Up?"
Kelly Reichardt on Night Moves
by Vadim Rizov
May 30, 2014
Filmmaker

"여전히 영화 속에서 길을 잃는 건 멋진 일이에요"

켈리 라이카트가 말하는 《어떤 여자들》:

소피 몽크스 카우프만

2017.03.02

켈리 라이카트는 인물의 일상적 삶의 역학이 '줄거리'라 불릴 수 있는 어떤 요소만큼이나 중요한 감독이다. "우리는 그들의 삶으로 불쑥 들어가는 거예요." 그는 이렇게 말한다. "잠깐 그들의 삶을 엿보고, 그리고 그들은 다시 자기 길을 가죠. 깔끔하게 마무리되는 일은 별로 없어요. 《어떤 여자들》은 그나마 닫힌 결말인 편이에요. 《믹의 지름길》의 DVD를 반송받은 적이 있는데, 거기엔 '결말을 이해 못 하겠다'라고 적혀 있었죠." 라이카트는 웃으며 우리에게도 함께 웃으라는 듯한 표정을 짓는다. 얼어붙은 호수에 빠졌다가 구조된 아이처럼 커다란 담요에 둘러싸인 그에게서 묘한 따뜻함이 느껴진다.

그가 영화 속 인물들의 삶에서 포착해 내는 사소한 순간들은 오랜 시간 세심하게 탐구하고 관찰한 결과물이다. 《어떤 여자들》의 세 번째 에피소드에 사실감을 부여하기 위해, 라이카트는 영화에 등장하는 몬태나의 목장 주인을 넉 달 동안 따라다니며 그의 일상을 연구했다. 그 경험을 회상하며 그는 자신의 집요한 세부 묘사 욕심을 이렇게 털어놓는다. "말 한 마리 한 마리, 마구간 하나 하나가 다 엄청 중요해 보였어요. 그런데 조감독이 자꾸 '그냥 말이랑 건초예요. 관객이 볼 땐 다 똑같아요'라고 하더라고요. 하지만 편집실에 들어가서 영상을 자르기 시작하면 또 생각이 달라져요. 한번은 토드 헤인즈가 시사회에서 영화를 보고는 이렇게 말했어요. '그 여자는 왜 똑같은 말한테만 계속 먹이를 주는 거야? 말 한 마리가 밥을 그렇게 많이 먹어? 그래서 제가 '토드! 그 말만 있는 게 아니라 스무 마리나 있어!'라고 했죠."

· ·

소피 몽크스 카우프만

(이하 카우프만)

이 모든 작은 디테일을 바로 잡는 게 왜 중요한 건가요?

켈리 라이카트

(이하 라이카트)

저는 영화 《리피피 Du Rififi Chez Les Hommes》(1955) 같은 전개 방식을 좋아해요.

영화는 침입의 모든 디테일이 일어나는 40분 동안 멈춰 있죠. 마치 《북극의 나누크Nanook Of The North》(1922)를 보고 나서 '언젠가 이글루를 지어야 한다면, 《북극의 나누크》를 봤으니 할 수 있겠구나'라고 생각하는 것과 같은 거예요. 저는 사람들의 노동하는 모습을 보는 걸 좋아해요. 그래서 목장 일을 하는 사람이 이 영화를 봤을 때 어색함이 없게끔 만들고 싶어요. 영화 속에서 누군가 직업이나 전문성을 가지고 있다는 느낌이 들 때가 있어요. 전화기도 있고 컴퓨터도 있고 직업이 있으면, 저는 그 직업이 구체적으로 무엇인지에 대한 디테일까지 알고 싶어요.

카우프만

당신은 시나리오를 쓰면서 로케이션을 답사하나요?

라이카트

그건 제가 누구와 함께 시나리오를 쓰느냐에 따라 달라져요. 존 레이먼드와 작업할 땐, 대게 도입부에 해당하는 짧은 이야기가 있고 그 배경은 존의 머릿속에 있죠. 《올드 조이》를 만들 때 온천을 찾아 미국 전역을 몇 달 동안 답사했어요. 하지만 결국 그가 이야기에 썼던 오리건주에 있는 온천에서 촬영했죠. 《웬디와 루시》를 찍을 땐, 그는 자기 집 창밖에 보이는 월그린 마트 주차장을 배경으로 글을 썼어요.

저는 39개의 주에 있는 월그린 주차장을 다녔지만, 결국 그가 글에서 언급한 그 주차장에서 영화를 찍었죠.

그래도 답사를 다니면서 다른 정보를 얻을 수 있어요. 여러 가지를 맞닥뜨리고, 적절하지 않은 장소로부터 무언갈 발견할 수 있죠. 《믹의 지름길》을 만들 때 저는 텍사스와 유타, 애리조나를 답사했고, 결국 오리건으로 돌아왔어요. 자신을 소모하다 보면 결국 자신의 삶이 담긴 공간으로 돌아오게 됩니다. 그리고 반경을 좁히게 되죠. 《어둠 속에서》가 댐과 농장을 중심으로, 《어떤 여자들》이 목장을 중심으로 영화가 진행되는 것처럼요. 특히 《어떤 여자들》의 목장은 가장 어렵게 찾은 로케이션이었어요.

《어떤 여자들》을 만들기 위해 저는 오리건과 아이다호, 몬태나를 답사했어요. 아이다호로 돌아갔다가 몬태나로 돌아갔죠. 몬태나가 어떤 곳인지 아시나요? 몬태나는 거대한 주예요. 많은 정보를 처리하는 것도 오래 걸리고, 그 정보를 시나리오에 반영하는 것도 오래 걸렸죠. 스토리보드 단계에서 스토리보드 작가와 함께 답사를 다니기도 했어요. 조명, 프레임, 의상, 프로덕션 디자인에 참고하기 위한 이미지를 수집하러 간 거였죠. 주로 프로덕션 디자이너와 의상 디자이너와 먼저 아주 오래 함께 작업했어요.

그리고 촬영감독이 합류했을 때… 제 머릿속과 종이 위엔 촬영에 관한 구상이 다 있었어요. 크리스 블로벨트와 함께 로케이션에 가서 어떻게 구도를 더 아름답게 잡을지, 어떻게 조명을 쓸지 알아내길 기대하죠. 뷰파인더로 아주 오랜 시간 동안 숏을 어떻게 찍을지 계획하며 사막에 앉아 있는 거예요. 하지만 실제 촬영 전까지 그곳에는 마차도 없고, 소 떼도 없고, 배우들도 없죠. 그래서 촬영 땐 또 바꿔야 할 게 생겨요. 이제 진짜 영화 제작 과정이죠.

카우프만

이 모든 육체노동의 과정은 당신에게 어떤 의미가 있나요? 영화 제작은 당신에게 어떤 만족감을 제공하나요?

라이카트

매일 잠에서 깨서 제가 흥미를 갖고 있는 무언가를 매일 한다는 게 저를 만족시켜요. 정말 단지 그것뿐이에요. 저는 저를 새로운 곳에 가보도록 하고, 원래대로라면 알 수 없었을 것들에 대해 알아가는 작업을 하고 싶어요. 전에는 잘 알지 못했던 화가에 관해 공부하고, 영감을 얻기 위해 독서하거나 조사하고, 원래라면 알지 못했을 문학이나 사진에 흠뻑 빠지는 과정에 들어서는 거죠. 그럼 길을 찾을

수 있어요. 루브르 박물관에 가서 '모든 전시물을 보고 말 거야'라고
다짐하는 대신, '브뤼헐 작품을 찾아봐야지'라고 하는 거죠. 주어진
임무를 해결하는 과정에서 많은 것들을 발견하고, 많은 영향을 받게
될 거예요. 저는 제가 지금 무슨 일을 하는 건지 알고 싶어요. 그냥
잠에서 깨서 이메일이나 비즈니스, 인생의 잡다한 일들에 휩쓸린 채
살고 싶지 않아요. 물론 인생에는 좋은 일들도 있죠! 그래도 뭔가를
붙잡고 있는 게 좋아요. 당신도 몰두할 만한 프로젝트를 갖는 게 더
좋지 않은가요?

카우프만

동감입니다. 한 프로젝트를 끝내고 다음 할 프로젝트를 찾는 그
사이의 시간을 어떻게 보내나요?

라이카트

음, 저는 쉬는 법을 조금씩 배우는 중기긴 하지만, 여전히 일을 하는
감각을 느끼는 게 더 좋아요. 하지만 무언가 이뤄내야 한다는 압박은
느끼고 싶지 않아요. 지난 10년 동안 수많은 영화를 만들 수 있었던
건, 그 이전 10년 동안 영화를 만들 수 없었기 때문이에요. 그리고
지금은 그 조급함에 약간 지쳤어요. 저는 여전히 일어나서 할 일이
있다고 느끼고 싶어요. 하지만 동시에 현관 앞에 앉아서 친구들의

아이들을 놀아주고 싶기도 하고, 아무 일도 안 하면서 생각할 시간을 갖고 싶기도 해요. 그렇다고 무위를 원하는 건 아니에요. 그건 절 미쳐버리게 할 거예요. 물론 전 가르치는 일도 계속하고 있죠.

카우프만

당신의 커리어는 숨 고르기를 할 만한 어느 지점에 도달한 건가요?

라이카트

'짧게' 숨 고르기 할 수 있겠죠.

카우프만

미셸 윌리엄스와 반복해서 협업하는 이유는 무엇인가요?

라이카트

사실 저는 연기가 정말 신비로운 일이라고 생각해요. 그리고 배우마다 함께 일하는 방식이 제각각이죠. 모든 배우가 너무 달라요. 배우들이 무엇을 원하는지 찾는 동시에 내가 무엇을 원하는지도 찾으려고 노력해야 해요. 하지만 미셸은 함께 자주 작업해 본 덕분에 일종의 지름길이 생겼어요. 미셸은 정말 저를 신뢰해요. 이건 배우로부터 받을 수 있는 가장 큰 선물이죠. 이 배우가 생각을 안 한다거나 어떤 결정을 내리지 않는다는 뜻이 아니에요. 하지만 저는 너무 많은 신경을 쓸 필요가 없죠. 그냥 "마음에 안 드는 거 있어요?"라고 묻고 바로 본론으로 들어가는 거예요. 이게 바로 친숙함이죠. 저는 미셸이 편해요. 그는 사려 깊고 이런 식의 필름메이킹에 재능이 있어요. 모두가 그런 건 아니거든요. 저는 배우 복이 많아요. 그들은 제작진의 연장선상이죠. 제 배우들은 촬영장 바깥에서 호출만 기다리는 사람들이 아니에요. 동참하는 사람들이죠. 몇몇 배우들은 이런 방식을 아주 즐기고, 미셸도 그중 한 사람이에요.

카우프만

당신이 영화를 사랑하는 이유는 무엇인가요?

라이카트

해마다 달라져요. 저는 플로리다에서 자랐어요. 70년대에 마이애미에서 성장했고, 이는 일종의 문화적 공허함을 의미하죠. 제가 보스턴에 와서 파스빈더에 관한 수업을 들었을 때, 심지어 저는 파스빈더가 누군지도 몰랐지만, 가슴이 터질 거 같았어요. 정말 흥미진진했고, 이후 20년 동안 시네마에 많은 걸 쏟아부었죠. 알다시피 저는 20년 동안 영화를 가르쳤고 지금은 영화를 만들기도 해요. 이건 전혀 다른 영화적 경험이에요. 낯선 장소, 낯선 장르, 낯선 시대로 이루어진 영화를 보는 걸 순수하게 사랑했던 시기가 있었어요. 그때로 돌아갈 수만 있다면 얼마나 좋을까요? 하지만 그때로 돌아갈 수가 없어요. 이제 저는 영화를 분석하며 보지 않는 게 어렵거든요. 차라리 현대 영화를 안 보고 말죠. 하지만 여전히 영화 속에서 길을 잃는 건 멋진 일이에요. 그저 필름메이킹이 예전만큼 마음 편한 일이 아닌 것뿐이죠.

'Kelly Reichardt: 'Filmmaking is not as carefree a thing as it once was'
Sophie Monks Kaufman
March 02, 2017
Little White Lies

이비(왼쪽)와 쿠키(오른쪽) ©A24(X)

"무언가가 되어야만 한다는 짐을 내려놓고
진정한 자기 자신이 되는 거죠"

《퍼스트 카우》@링컨필름센터

데니스 림

2020.07.09

데니스 림

(이하 림)

안녕하세요, 저는 뉴욕영화제와 링컨 센터의 프로그램 디렉터 데니스 림입니다. 오늘 영화감독 켈리 라이카트를 모시게 되어 정말 기쁩니다. 켈리는 우리 센터와 영화제의 단골입니다. 저희는《웬디와 루시》,《믹의 지름길》,《어떤 여자들》등 그의 여러 영화를 상영해 왔고, 최근작《퍼스트 카우》는 작년 뉴욕영화제에서 공개가 되었죠. 이 영화는 올해 초 베를린국제영화제 프리미어 상영 이후 얼마 지나지 않아 개봉했습니다. 아마 락다운 한 주 전이었죠?《퍼스트 카우》의 배급사 A24는 이 영화를 온라인으로 개봉할 예정입니다. 내일부터 링컨 센터 버추얼 시네마에서도 이 영화를 감상하실 수 있습니다.

우리가 마지막으로 만난 게 락다운 며칠 전이었죠? 환기가 잘 안되는 강의실에 모였을 때요.

라이카트

맞아요. 그날이 하버드 대학교가 휴교한 날이었어요.

림

그건 다음 날 아침이었을 거예요. 그날 우리는 샴페인과 클라푸티를 들면서 당신의 영화 개봉을 축하하고 있었죠.

라이카트

그때 "이렇게 모여도 괜찮은 걸까?"라는 생각이 들긴 했었어요. 벌써 정말 오래전 일처럼 느껴지네요.

림

그 후 어떻게 지냈나요? 그때가 마지막 영화 프로모션 행사였을 텐데요.

라이카트

네, 다 멈추고 떠나야 했죠. 당신과 만났던 그 모임 이후 저는
보스턴을 떠나서 포틀랜드로 돌아와 방 안에서만 지내고 있어요.
마치 다른 사람들이 하는 것처럼요. 그래도 사람들이 제 영화를
본다니 아주 기쁩니다. 비록 저희가 상상한 것과는 다른 방식이지만,
그런 대안이 있다는 건 참 다행이에요.

림

사실 아직 디지털 개봉 전이기 때문에 이 대화를 듣는 모든 사람이
《퍼스트 카우》를 보진 못했을 거 같아요. 아마 개봉 후에 더 많은
관객과의 대화가 진행되겠죠. 그래도 우리가 영화에 관해 이야기
나누는 데 큰 지장은 없을 거 같아요.

라이카트

결말을 얘기해도 되나요?

림

그건 안 하는 게 좋을 거 같은데, 사실 영화 시작 몇 분 만에 결말을
보여주긴 해요. 그래도 사람들을 위해 그 부분은 남겨두기로 하죠.

이 영화가 어떻게 나오게 된 건지 짧게 말해줄 수 있을까요? 이 영화는 당신의 영화 대부분을 함께 만든 작가 존 레이먼드와의 협업이죠. 그리고 그의 소설『더 하프 라이프』를 각색한 작품이지만, 그의 소설과는 꽤 다른 부분이 많아요.

라이카트

그 책은 그의 첫 소설이었고, 제가 처음으로 읽은 그의 글이기도 했어요. 저는 그 책을 읽고 그에게 단편이 있느냐고 편지를 보냈죠. 그렇게 존과 첫 번째 협업인《올드 조이》가 탄생했어요. 《퍼스트 카우》의 원작인『더 하프 라이프』는 40년에 걸쳐 진행되는 이야기에요. 그리고 중국으로 떠나는 여정도 등장하죠. 너무 방대한 프로젝트가 될 게 분명했어요. 저는 존에게 항상 이 "이 소설을 영화화할 방법을 꼭 찾아낼 테니까, 절대 다른 사람한테 주지 마!"라고 말했어요.

《퍼스트 카우》를 제작한 그 시기에 원래 유럽에서 약간의 판타지가 가미된 영화를 만들기로 했다가 기획이 무산됐어요. 하지만 저는 이미 제작진을 모았고, 다들 영화를 만들기 위해 시간도 빼놓은 상태였죠. 침울하게 무산된 프로젝트를 곱씹던 중, 존과 저는 다시『더 하프 라이프』로 돌아가 어떻게 하면 좋을지 생각하기

시작했어요. 그러다 존이 소에 관한 아이디어를 냈죠. 원래 소설에는
소가 등장하지 않아요. 덕분에 '킹 루'와 '쿠키'라는 인물을 유지하면서
모든 테마를 쌓을 수 있었죠. 킹 루는 원래 소설에 나오는 두 명의
인물을 합친 거예요. 그렇게 우리는 기존의 주제를 담아 이야기를
전하는 경제적인 방법을 찾아냈어요.

림

사람들을 위해 방금 언급한 두 캐릭터를 설명해 드릴게요. 쿠키는
이름에서 알 수 있듯 요리를 하는 사람입니다. 그리고 킹 루는 영화
초반에는 사냥꾼 그룹의 일원이고, 중국계 이민자입니다. 이 영화는
당신의 전작들처럼 두 사람의 우정을 다루고 있죠. 영화는 우정에
관한 윌리엄 블레이크의 문장을 인용하며 시작합니다. "새에게
둥지를, 거미에게 거미집을, 인간에게 우정을"이었던 거 같은데요.
이런 주제를 다루는 것에 대한 당신의 생각을 들을 수 있을까요?

라이카트

《퍼스트 카우》의 인물들은 모두 불완전하고, 자기만의 서식지가
있습니다. 무슨 말이냐면, 쿠키는 집에서 요리할 땐 자기만의
세계에서 빛을 발하는 것처럼 보입니다. 하지만 삶의 다른 영역에선
그렇지 못하죠. 큰 야망과 세계에 대한 넓은 감각을 가진 킹 루라는

인물과의 관계에서도 그렇고요. 이 두 사람은 방랑가고, 지금의 오리건 지역에 200년 전에 정착한 사람들입니다. 이 이야기는 케이크를 만드는 법을 넘어 본질적으로 삶의 기반을 마련하는 법에 관한 작은 정치학에 가깝습니다. 지역이라는 개념이 아직 불분명하던 초기 개척지 시절의 생활 수준에 대해서도 알 수 있겠죠.

이 영화는 작은 이야기지만 더 큰 주제를 담을 수 있는 배경을 갖고 있습니다. 예를 들어, 비버 무역이 있죠. 영화 속 비버 무역 회사는 미 서부 최초의 기업이었던 모피 회사를 모델로 삼았어요. 이런 시대적 상황은 그 지역에 평생 살아온 치누크 부족과 멀트노마 부족, 그리고 환경에도 큰 영향을 끼쳤어요. 한편으로 이 영화는 다방면에 있어서 이민자 이야기이기도 합니다. 이처럼 영화는 큰 주제들을 담고 있지만, 시간과 공간을 가로질러 작동하는 아주 소박한 이야기에 초점을 맞추고 있어요. 존이 쓴 일종의 작은 정치학이 제 마음을 사로잡았고, 자신이 처한 환경 속에서 노동하는 사람들, 그리고 서로에게 의지하는 사람들을 보여주고 싶었습니다.

림

원작 소설의 배경도 1820년이죠?

라이카트

정확히는 과거와 현재의 포틀랜드를 왔다 갔다 해요. 19세기와 1990년대 포틀랜드를 배경으로 한 두 개의 이야기를 서로 엮어 나가는 방식이죠. 영화의 도입부에 현대를 배경으로 한 장면이 등장하긴 하지만 영화는 소설처럼 과거와 현재를 오가진 않아요.

림

저는 그 시기가 정말 흥미롭다고 생각합니다. 아직 모든 게 완전히 형성되지 않은 느낌이 있기 때문이죠. 뭔가 아직 만들어지는 중이라는 감각이 있습니다. 킹 루도 "역사는 아직 이곳에 도착하지 않았어"라는 대사를 하죠.

제가 알기로는 대부분의 개척자를 다룬 영화나 서부극은 1820년대보다 좀 더 나중을 배경으로 하는 경향이 있습니다. 이는 시대를 다루는 당신의 감각과 관련이 있습니다. 저는 이 영화의 주요한 주제는 자본주의와 미국 기업의 탄생이라고 생각합니다. 어떻게 이런 주제들을 녹여냈는지 설명해 줄 수 있나요? 당신의 영화가 가진 주제에 관해 이야기해달라는 말은 조금 이상한 질문 같기도 합니다. 당신의 영화는 뭔가를 선포하는 스타일은 아니니까요.

라이카트

이상한 질문은 아니에요. 존 레이먼드가 이 질문에 더 좋은 대답을
줄 수 있는 거 같네요. 그가 작가니까요. 저는 그만큼 잘 설명해 줄
순 없을 거 같아요. 어쨌거나 저는 필름메이커일 뿐이니까요. 그리고
당신이 "이것은 어떤 의미다"라고 단언하지 않으려고 노력하는 것도
느껴지네요. 하지만 사실이에요. 영화 속 회사는 허드슨 베이 회사*를
모델로 삼았어요. 그 회사는 초기 비버 사냥꾼들을 고용했고, 결국
그 지역의 비버 개체수를 확 줄여버렸죠. 영화에는 초기 자본주의의
모습이 담겨 있습니다. 아직 규칙이 정해지지 않았던 시기이고,
심지어 그 시기엔 화폐도 없었어요. 하지만 인종과 성별, 그리고 돈에
따라 나누어진 권력의 사다리는 존재했죠. 이런 것들은 정말 빠르게
자리를 잡았어요. 하지만 아직 사람들은 지금과 다른 방식으로
거래했죠.

영화는 컬럼비아강에서 시작합니다. 오늘날 화물선이 다니는
곳이고, 프레임을 가로질러 등장하기도 하죠. 컬럼비아강은 1800년대

---

* 북아메리카(특히 캐나다)의 비버 등의 모피 교역을 위해 1670년 5월에
설립되었던 잉글랜드의 특허 기업이자 국책 회사, 북미에서 현존하는 가장
오래된 기업.

초에 치누크 부족과 주변 부족 간의 교역로였어요. 컬럼비아강은
변하지 않는 존재에요. 교역로일 뿐만 아니라 영화 전체를 관통하죠.
자본주의는 영화의 주제 중 하나이지만, 저는 영화 초반과 이후
19세기 장면 간 사운드 차이를 보여주고 싶은 마음도 있었어요.
비행기 소리나 고속도로 소리, 아니면 강 위를 떠다니는 화물선의
모습 같은 건 대조적이죠. 그런 걸 통해서 환경이 얼마나 달라졌는지
보여주고 싶었어요. 우리가 요구해 온 것들이 어떻게 이 환경을
바꿔놓았는지 말이죠.

림

저희가 미리 소셜 미디어를 통해 질문을 받았는데요. 그중 하나를
여쭤보려고 합니다. 왜냐하면 이 질문에 담긴 당신의 영화 속
로케이션에 대한 감각이 흥미롭기 때문인데요. "로케이션은 당신의
이야기 형성에 어떻게 영향을 끼치나요? 당신이 발견한 로케이션에
맞춰 이야기를 각색하기도 하나요?"

라이카트

때때로 그러기도 해요. 존과 제가 함께 쓴 시나리오 같은 경우 장소에
관한 생각에서 출발했어요. 《어둠 속에서》 같은 경우, 존의 친구 중에
유기농 농장을 운영하는 사람이 있었어요. 그 농장의 정치적 성향에

관해 이야기한 게 영화의 시발점이었죠. 실제로 그 농장에서 촬영도 진행했고요. 《믹의 지름길》을 찍었던 사막은 우리가 캠핑하러 갔던 곳이기도 해요. 그래서 그 지역이 항상 염두에 있었죠. 많은 경우 로케이션이 먼저 떠오릅니다.

로케이션은 정말 중요한 문제죠. 왜냐하면 당신이 방금 말했듯 《퍼스트 카우》는 개척 시대 이전 이야기잖아요. 트럭으로 대륙을 횡단할 수 있는 시대도 아니고, 사냥꾼들 몇몇이 그렇게 넘어오기도 했지만, 대부분은 미국 동부가 아니라 유럽이나 중국에서 배를 타고 온 사람들이죠. 정말 빠르게 많은 인종과 문화가 섞였어요. 예전에 《올드 조이》를 찍었던 숲에서 다시 촬영했는데, 이번엔 《올드 조이》와 다른 모습과 다른 느낌으로 숲을 담는 게 목표였어요. 어쨌든 가장 친숙한 건 오리건이에요.

림

《믹의 지름길》부터 촬영감독 크리스토퍼 블로펠트와 함께 작업하고 있죠? 이전 영화들 속 등장하는 황량한 개활지와 《퍼스트 카우》 속 자연은 다른 느낌을 줍니다. 아마 '자연 속의 인간'이라는 아이디어가 굉장히 중요했을 텐데요. 인간과 자연의 관계를 탐구하는 작품은 꽤 많습니다. 어떻게 자연 경관 속에 인물들을 배치했나요?

라이카트

《믹의 지름길》은 오리건 동쪽에 있는 고지대 사막이었어요. 우리는
오리건을 정말 많이 활용했죠. 왜냐하면 존이 오리건에 살면서
바라본 것들에 관해 쓰는 경향이 있으니까요. 하지만 저는 플로리다
출신이기 때문에 오리건이 낯설어요. 제가 자란 곳과는 자연경관이
많이 다르죠. 미 서부를 촬영할 때면 항상 따라오는 어떤 느낌 같은
게 있어요. 미국의 신화 같은 게 자연스럽게 그 안에 녹아들거든요.
좋든 싫든 미 서부라는 장소 자체가 지닌 어떤 부담 같은 게 있어요.
영화의 역사에서도 그렇고, 미국이라는 나라가 만든 신화에서도
그렇죠. 그런 요소들이 도움이 되기도 해요. 왜냐하면 어떤
이야기들은 이미 그 공간에 존재하기 때문에 우리는 그 이야기에
반응하면 되거든요. 관객들의 머릿속에도 이미 그 이야기와 함께
이야기의 템포는 어떠해야 하는지, 카메라는 어디에 둬야 하는지,
이야기는 어떤 인물을 중심으로 진행될지가 들어있는 셈이죠.

환경은 늘 같은 자리에 있습니다. 오래된 장소에서 평생을 살아온
선주민을 대체할 새로운 사람들이 등장하죠. 《퍼스트 카우》에는
토비 존스가 맡은 인물(치프 팩터)이 "비버여, 영원하라"라고 말하는
유머러스한 장면이 나옵니다. 물론 비버 무역도 영원할 순 없죠. '이

땅이 누구의 것인가'라는 개념은 자본주의적 사고와 뒤섞여 있는
것 같아요. 여기가 누구의 공간인가, 누가 이곳에 속하는가, 이런
질문들이죠. 특히 '미국을 다시 위대하게(Make America Great Again)'
같은 구호를 생각해 보면 더 그래요. 누가 여기 있었고, 누가 먼저
왔는가, 그런 것들에 대한 인식 말이에요. 이 모든 건 영화의 배경
속에 은근히 깔려 있지만, 생각해 보면 꽤 흥미로운 주제죠.

림

원작 소설에는 소가 등장하지 않는다고 했는데, 어떻게 소라는
아이디어가 탄생했는지 기억하나요?

라이카트

잘 모르겠어요. 거꾸로 쓴 케이퍼 무비라는 설정은 있었어요. '몰래
접근해서 치프 팩터의 물건을 훔치고 달아난다' 정도의 설정이었죠.
그러다 어느 날 존이 새로운 의견을 냈던 거 같은데…. 아무튼 그렇게
소를 등장시키기로 했지만, 원래부터 케이퍼 무비를 뒤집는다는
개념은 갖고 있었죠. 그 소를 쿠키와 연결하는 게 관건이었어요.
그의 제빵 기술이나 모든 걸 고려 했죠. 그는 안정적인 인물이고,
채집가이기도 하고, 영화 속에서 다리 세 개 달린 스툴에 앉아 있는
그의 모습을 보면 동물과의 관계도 자연스럽게 느껴지죠. 저는 영화

속에서 동물과 대화하는 장면을 보면 그렇게 이상하다는 생각이 안

들어요. 쿠키가 동물을 통해 자기 자신을 설명하는 것도 이런 이유로

가능한 거죠. 이런 아이디어들이 어떤 순서로 정해진 건지 정확하게

말씀드리기 어렵네요. 왜냐하면 모든 것은 끊임없는 대화 속에

탄생하니까요.

림

《웬디와 루시》는 물론, 심지어《믹의 지름길》에서도 동물이

중요하게 등장합니다. 이런 특징은 당신의 작품에서 반복되고 있죠.

동물과 함께 작업하는 과정이 궁금한데요. 먼저 이 소를 캐스팅한

과정부터 얘기해 볼까요?

라이카트

제가 처음으로 동물을 데리고 영화를 만든 건《올드 조이》였는데요.

제가 기르던 개 루시를 혼자 둘 수가 없었기 때문이에요. 처음엔

촬영하는 동안 개와 무엇을 해야 하는지 몰랐어요. 그냥 그 개를 영화

속에 집어넣고 촬영했을 뿐이었죠. 지금은 정말 많은 개와 영화를

찍어봤어요. 그래서 더 확실하게 말할 수 있죠. 루시는 환상적일

만큼 자연스러워요. 말 그대로 루시처럼 할 수 있는 다른 개를 찾을

수가 없어요. 저는 그냥 나무 뒤에 숨어 있기만 하면 돼요. 그러면

루시가 알아서 자기가 있어야 할 공간으로 찾아오죠. 그렇게 《웬디와 루시》를 만들 수 있었어요. 동물의 순진함, 그리고 촬영장에 동물이 물리적으로 존재하는 것 자체가 매우 흥미로운 일이에요. 소나 그 외 수많은 동물은 특히 주의를 많이 기울여야 해요. 왜냐하면 그 동물이 배우에게 반응하는 게 아니라, 배우가 동물에게 반응하기 때문이죠. 그래서 아무리 계획을 철저히 세워도 이런 살아있는 '짐승'을 중심으로 작업할 수밖에 없습니다.

'이비(Evie)' 같은 경우, 소의 얼굴 사진만 보고 캐스팅했습니다. 아주 피상적인 과정이었어요. 눈이 크고 정말 아름다웠거든요. 외모만 보고 캐스팅한 셈이죠. 처음부터 크기가 작고 눈이 큰 저지 소를 찾는 중이었어요. 캐스팅 이후에는 촬영에 익숙해지도록 약간의 훈련도 시켰죠. 스태프들이 동물에게 맞춰야 하는 게 흥미로웠어요. 왜냐하면 소는 절대 사람이 원하는 대로 움직여주지 않으니까요. 항상 시끄럽고 빠르게 움직이는 사람들이 모여서 말을 하지 않고, 슬로 모션처럼 천천히 움직이고, 뒤로 물러나는 등, 항상 시간에 쫓기는 영화 스태프가 원래라면 전혀 하지 않는 행동들을 소를 위해 배워야 했죠. 어떤 상황이 발생하면, 영화 제작이라는 거대한 기계를 멈추고 이 살아 있는 존재와 맞서 어떻게든 문제를 해결해야 했죠.

림

동물은 영화에 다큐멘터리의 성격을 더해주기도 하죠. 엄밀히
말하면 동물은 배우가 아니잖아요. 그러니 예측 불가능성을 더하고,
그러면 영화가 사실주의적인 면모가 생길 수밖에 없죠.

라이카트

영화에 드미트리라는 부엉이가 나오는데, 나무 위에서 아래로
날아가는 장면이 있어요. 그런데 저희가 촬영하던 곳 주변에
독수리가 있었어요. 저희도 독수리를 계속 인지했죠. 저희 주변을
자꾸 맴돌았거든요. 그래서 부엉이가 나무 위로 올라갔을 때, 그
지역에 있는 독수리를 경계하느라 10분 동안이나 부엉이가 나무에서
안 내려왔던 적이 있어요. 스태프 전원이 얼어붙은 채로, 서 있든
어디 기대고 있든 그대로 멈춘 채 이 동물이 할 행동을 기다려야만
했어요. 부엉이랑 작업하는 건 정말 흥미로운 경험이었죠. 게다가 그
부엉이가 진짜 거대했거든요. 거의 개만 했어요. 정말 큰 부엉이였죠.
부엉이에게 어떤 장면을 얻게 될지 확신할 수 없지만, 시나리오에서
부엉이의 존재는 정말 중요했어요. 사실 촬영을 하면서 깨달았던
것도 있어요. 예를 들면, 나무 위에 앉아 있는 킹 루의 모습, 그가
세상을 대하는 방식이 부엉이와 자연스럽게 연결되는 거예요.
반대로 쿠키는 소와 너무 잘 연결되고요. 이런 것들이 이미 머릿속에

다 들어있다고 생각했는데 막상 촬영하면서 새로운 연결이 눈앞에
펼쳐지곤 했어요.

림

저희가 작년 뉴욕 영화제에도 대화를 나눴었죠. 그때 당신이 언급한
영화 목록이 아주 놀라웠어요. 당신이 이 영화를 만드는 동안
염두에 두었던 영화들요. 웨스턴이나 식민지 시대 사극 영화 같은
건 전혀 없었어요. 대신《우게쓰 이야기_雨月物語_》(1953) 같은 영화를
애기했었고, 또 어떤 영화를 언급했었죠?

라이카트

'아푸 트릴로지'도 있었어요.

림

아까 채집이라는 표현도 쓰셨는데, 이런 작품들이 당신의 작업
과정에 어떻게 작용하는지 궁금합니다. 다른 작품들에 관한 생각이
그저 우연히 지엽적으로 반영되는 건가요? 아니면 참고 자료를
책처럼 엮어서 준비하거나, 배우와 스태프들과 방향성을 잡기 위해
다 같이 영화를 감상하나요?

라이카트

누구와 소통하느냐에 따라 다르지만, 저는 책을 만드는 편이에요. 크리스 블로펠트와 작업을 시작할 때, 영화의 시작부터 끝까지를 담고 있는 일종의 책을 하나 만들죠. 항상 그렇게 작업하는 건 아니에요. 이렇게 한 적도 있고, 안 한 적도 있어요. 저희는 함께 '아푸 트릴로지'를 봤어요. 그건 대화를 시작하기 위한 하나의 시발점이었죠. 《우게쓰 이야기》는 이야기의 측면에서 많이 영향받은 거 같아요. 그 영화에는 장소를 분간할 수 없는 이상한 꿈 시퀀스도 나오고, 강도 나옵니다. 《우게쓰 이야기》는 장인의 영화예요. 모든 숏이 아주 낮은 시점에서 찍혀 있어요. 카메라는 땅과 붙어 있고, 배우들도 땅과 가까워요. 모든 이야기가 땅 위에서 진행되죠. 주로 농민들의 오두막에서 영화가 진행된다는 공통점도 있네요.

'아푸 트릴로지' 같은 경우는 아주 경제적인 촬영 전략이 쓰였어요. 팬과 틸트만 쓰였고, 카메라가 한 번에 두 가지 움직임을 쓰는 경우는 절대 없어요. 이런 경제성이 킹 루와 쿠키 이야기와도 잘 어울릴 것 같았습니다.

하지만 치프 팩터의 집 안은 좀 더 화려하고 사치스러워요. 작업을 하다 보면 로케이션이나 준비한 이미지를 조금씩 교체할 수밖에 없어요. 그래도 처음 촬영감독과 논의하기 위해 함께 볼 수 있는, 작업에 기반이 될 만한 무언가를 준비해 놓는 게 좋죠. 특히 시나리오 작업을 하면서 머릿속으로 비주얼라이징을 할 땐 그런 시간이 꼭 필요합니다.

저는 가르치는 학생들에게 영화에 대해 생각하는 동안 쉬지 않고 이미지를 다뤄야 한다고 잔소리합니다. 그리고 그 과정을 손으로 직접 하라고 말하죠. 액정이나 스크린을 보며 작업하는 건 방해를 받기도 쉽고, 뇌의 작동 방식도 달라요. 저는 학생들에게 종이책 같은 물리적인 도구를 사용하라고 하고, 학생들은 저에게 아이패드를 사용하라고 설득하지만, 그런 일은 절대 없을 거예요. 이런 게 세대 차이겠죠. 저는 영화를 가르치기도 하다 보니, 제가 파고 싶은 영화들로 한 학기 커리큘럼을 짤 수도 있어요. 하지만 너무 깊게 파고들어 생각하다 보면 그 영화에 대한 감상을 망치기도 하죠. 프레드릭 레밍턴이나 윈슬로 호머** 같은 화가들에게 시각적인 영향을 받진 않았어요. 원래 저는 유럽에서 영화를 찍기 위한 준비 기간을 보냈고, 제가 생각했던 많은 것들이 미국 영화와는 거리가 멀었죠. 그래서 그런 작품들은 결국 영향을 주지 못했어요.

** 19세기 미국 삽화가들.

림

질문을 읽어 드릴게요. "당신의 영화에는 친밀함과 외로움이라는
상반되는 감정이 있습니다. 어떻게 이 둘 사이의 균형을 맞추는지
궁금합니다."

라이카트

저는 그 두 가지 감정을 반드시 분리할 필요는 없다고 생각해요. 모든
것이 그렇죠. 균형을 맞추는 건 캐스팅에 많이 달려 있기도 하고,
인물의 환경이나 공간적인 배치에도 달려 있어요. 특히 이 영화는
오리온 리와 존 마가로의 연기가 정말 큰 비중을 차지했어요. 촬영
전까지 그들은 서로 잘 모르는 사이였는데, 함께 연기를 펼치는
모습을 보는 것만으로도 즐거운 경험이었어요. 음향 디자인을
활용할 수도 있고. 인물들에게 얼마만큼 시간을 부여하느냐에
따라서도 느낌이 달라지죠. 두 사람이 같은 화면 안에 있으면서
각자의 세계를 머무르거나, 함께라는 느낌을 줄 수도 있고요. 결국
이런 요소들이 모두 합쳐져서 전체적인 효과를 만들어내는 것
같아요. 특히 존 마가로의 연기가 큰 역할을 했죠.

림

공간 배치도 특정한 감정을 전달해 줄 수 있다고 방금 말씀하셨는데,

영화에서 주인공들이 함께 자신들의 집을 꾸미는 시퀀스가 떠오르네요. 이 오두막은 영화 속 역학의 중심이 되는 아주 중요한 장소죠.

라이카트

두 사람은 폭력적이고 혼란한 하드코어 세계에서 살아 돌아온 후, 말하자면 집안일에 푹 빠져 지냅니다. 원래 방랑자였던 이들이 집이라는 공간을 얻고 자연스러운 흐름 안으로 들어갑니다. 세상에서 무언가가 되어야만 한다는 짐을 내려놓고 진정한 자기 자신이 되는 거죠. 당신이 말한 그 공간에서 이런 일들이 일어나는 거 같아요.

림

영화 속 디저트의 레시피를 물어본 분도 계세요.

라이카트

영화 속 쿠키가 아마 레시피를 알려줄걸요? 간단해요. 밀가루, 우유, 제가 맨날 까먹는데 베이킹 소다 아니면 베이킹파우더 둘 중 하나가 들어가요. 둘 중 하나는 19세기에 존재하지 않았지만 다른 하나는 그 시대에도 존재했어요. 기본적으로 그렇게 많은 재료가 필요하지

않아요. 뜨거운 기름도 필요하고요. 아마 영화를 보시면 레시피가
나올 거예요.

림

말인즉슨, 시대 고증을 따른 레시피군요?

라이카트

네, 맞아요.

림

다음 질문드릴게요. 당신은 작년 칸 영화제 심사 위원이셨죠.
그해 황금종려상이 바로 《기생충》(2019)이었습니다. 《기생충》은
영화 공개 직후부터 장기 흥행을 이어가고 있죠, 이 심사 위원
경험이 어떠셨는지, 심사했던 영화 중 가장 마음에 들었던 영화는
무엇이었는지 궁금합니다.

라이카트.

좋았죠. 정말 좋았어요! 정말 호화로운 시간이었습니다. 문밖에
앉아서 저의 모든 필요를 돌봐주는 사람이 따로 있었어요. 빗방울이
떨어지면 바로 우산을 대령해 주고…. 완전 밀착 관리를 받는

거죠. 그러니 셋째 날쯤 되니까 문도 누가 열어 주겠거니, 내가
해야 할 일은 아니겠지, 이러고 있더라니까요. 이런 대접에 금방
익숙해졌어요. 감독들을 만나는 게 정말 즐거웠어요. 제가 알고는
있었지만, 한 번도 만나본 적 없는 전 세계의 감독들을 만났죠. 방에
앉아 하루 종일 영화에 관해 이야기 나누는 게 일이었죠.

어떤 영화가 가장 좋았는지 얘기하는 건 금지예요. 심사위원들끼리
했던 영화 이야기를 바깥에 유출하지 않도록 온갖 동의서에
서명했거든요. 하지만, 어쨌든 《기생충》이 잘된 게 무척 기쁩니다.

아, 이 정도는 얘기할 수 있겠네요. 첫 번째로 봤던 작품이 짐 자무시
영화였어요(《데드 돈 다이_{Dead Don't Die}》(2019)). 첫날밤에 다 함께 모여서
자무시 영화가 어땠는지 얘기를 나눴어요. 방 안에 있는 사람들이
모두 영화가 의미하는 바를 다르게 받아들였더군요. 그 사실이 정말
뭉클했어요. 뉴욕에 사는 게 자랑스럽기도 했고요. 우리 삶 속에서
특별한 자무시의 순간을 우리 모두 함께 한 거잖아요. 첫날밤에
서로에 대해 알아가기에 최적의 방법이 아니었나 싶어요.

림

짐 자무시 얘기가 나와서 말인데, 혹시 《데드 맨_{Dead Man}》(1995)이

《퍼스트 카우》를 만드는 당신에게 어떤 인상을 남겼나요? 왜냐하면 《퍼스트 카우》가 윌리엄 블레이크의 시구절로 시작하잖아요.[***]

라이카트

윌리엄 블레이크? 아, 무슨 말인지 이해했어요. 저는 그 영화를 본지 꽤 오래됐어요. 그러다 오랜만에 그 영화를 다시 보고, 저는 이 작품이 정말 중요한 미국영화라고 생각했어요. 진심이에요. 그 당시에도 좋아했지만, 다시 봐도 여전히 훌륭해요. 이 영화를 다시 찾아봤던 이유는 개리 파머에 대해 생각하고 있었기 때문이에요. 블레이크에 관한 건 아예 생각도 못 했네요. 윌리엄 블레이크를 인용한 건 존의 원작 소설 도입부에 그 문장이 등장하기 때문이에요. 이제 《데드 맨》에 바치는 헌사라고 해도 되겠네요.

림

저는 당신에게 이 영화감독에 관해서도 묻고 싶어요. 저는 당신이 얼마나 이 감독에게 영향을 많이 받았는지 이야기하는 걸 듣는 게 참 좋습니다. 바로 미국의 위대한 필름메이커 피터 허튼인데요. 바드 칼리지에서 당신의 동료였죠? 수년간 피터와 알고 지내고, 또 함께 작업도 했을 텐데, 그는 당신의 작품에 관해 어떤 이야기를

[***] 《데드 맨》 속 조니 뎁이 분한 인물의 이름은 '윌리엄 블레이크'다.

해줬나요?

라이카트

세상에, 어젯밤 책을 읽다가 책 사이에 꽂혀 있는 팸플릿에서 얼마 전 세상을 떠난 다른 바드 칼리지 출신 동료의 이름을 발견했어요. 그는 피터만큼이나 바드 칼리지에 오래 있었고, 페기 아훼시와 함께 삼십년지기였죠. 그는 독립 영화, 아방가르드, 프리 시네마 같은 용어들에 관해 왜 우리가 이런 다양한 명칭들을 쓰는지, 그리고 그 용어들이 적절한지 아닌지를 하나하나 짚어 나가는 글을 썼죠. 갑자기 어젯밤이 떠오르네요.

피터는 저를 바드 칼리지로 데려온 사람이었어요. 제가 처음 본 그의 필름은 《두 개의 강Two Rivers》(2001, 2002)이었습니다. 프로젝션으로 봤는데, 그의 필름은 모두 무성이죠. 그때 저는 공간과 시간에 관해 생각했던 거 같아요. 허튼의 영화 속에서, 그리고 실제 삶 속에서 시간을 보내며 느꼈던 건, 그 분은 작품에 대해 가식 없는 태도를 가졌다는 거예요. 그는 자기 영화를 항상 거창하게 부르지 않고 그냥 '필름 통(reels)'이라고 불렀거든요.

그는 우리를 초대해서 스파게티를 해주곤 했어요. 그리고 자기

소파에 앉아서 주변에 누가 있든, 그가 작업 중인 가장 최근 필름 통 아무거나 상영했죠. 그는 16mm 필름에 진심이었어요. 그래서 다양한 방법을 시도했죠. 그는 디지털로 찍으면 컷을 언제 끊어야 할지 어떻게 알겠냐며, 디지털 촬영 방식에 큰 의구심을 품곤 했습니다. 왜냐하면 허튼은 숏의 길이를 필름 한 롤의 길이만큼으로 정했었거든요. 그런 점들이 제 사고방식을 완전히 바꿔놓았어요.

허튼은 정말 아낌없이 제게 영화에 관한 의견과 생각을 전해주었어요. 저는 그와 나누던 솔직한 대화가 정말 그립습니다. 그는 뭐든지 많이 감상하는 사람이었어요. 그는 내러티브에 관해 정말 흥미로운 관점을 가지고 있었는데, 그런 조언은 다른 누구에게서도 결코 얻을 수 없는 종류의 것이었어요. 다른 사람들이 그분처럼 생각하는지는 모를 일이지만요. 당신도 피터 허튼과 아는 사이였죠? 그리고 허튼은 크리배지****도 잘했어요. 크리배지도 함께 많이 했죠.

림

교육과 관련한 질문도 몇 가지 드릴게요. 일단, 가르치는 일을 좋아하죠? 수업 중에 어떤 영화를 가르치나요?

**** 카드와 말판을 활용한 보드게임.

라이카트

그때 그때 달라요. 저는 《올드 조이》를 만들었던 2006년부터 바드
칼리지에 있었는데요. 제가 처음 학생을 가르쳤던 곳은 스쿨 오브
비주얼 아츠였어요. 그때 처음으로 가르치는 일이 정말 짜릿하다고
느꼈어요. 어떻게 가르쳐야 하는지는 잘 몰랐지만, 학교에서 정말
많은 시간을 보냈어요. 자유로운 분위기의 예술학교였거든요.
미술을 접해본 적 없는 사람들과 함께 미술을 탐구하는
과정이었는데, 수업이 끝나면 에너지가 샘솟던 그 느낌이 아직도
생생해요. 내가 좋아하는 일을 드디어 찾았다는 생각이 들어 정말
기뻤습니다.

뉴욕대학교에서도 꽤 오래 수업을 맡았었는데, 그때 저는 가르치는
일이 너무 싫었어요. 저랑 잘 맞지 않았던 거 같아요. 그리고 바드
칼리지에 왔는데 지금까지도 저랑 정말 잘 맞는 곳이에요. 제 말은
당신에게 잘 맞는, 당신이 가진 아이디어와 원하는 작업 방식에 잘
맞는 곳을 찾을 필요가 있다는 거예요. 저는 제가 일하는 곳에 있는
동료들에게 영감을 많이 받습니다. 학생들은 정말 호기심이 많고
무엇이든 시도해 볼 준비가 되어 있어요. 서로를 진심으로 지지해
주기도 하죠. 아주 친밀하고 오붓한 분위기예요. 무엇보다 자기 검열

없이 자연스럽게 말을 내뱉을 수 있는 그런 공간에서 일한다는 점이 참 좋습니다.

비선형적이고 더 개방적인, 소위 아방가르드라 부르는 영화 제작 방식을 학생들이 먼저 공부하고 나서 서사 수업에 들어오게 하는 걸 좋아해요. 그래야 학생들의 사고가 좀 더 열리게 되거든요. 그리고 그런 과정은 저를 영화에 대해 끊임없이 대화를 나누는 상태로 머물게 해 줍니다. 그리고 영화를 끊임없이 공부하게 만들죠. 한 작품을 낯설게 바라보는 학생들의 의견을 들으며 영화를 보길 원해요. 저는 다양성이 필요해요. 그게 지금 저의 과제죠. 저는 전통적인 틀 안에서 학생들을 가르쳐왔어요. 그런데 그런 방법으로는 충분한 양의 다양성을 끌어내기가 어렵습니다. 왜냐하면 주로 고전 할리우드 작품을 인용하니까요. 영화 제작을 가르치는 건 정말 어려운 일이라는 걸 계속 느껴요. 영화 같은 분야는 결코 완전히 정복할 수 있는 게 아니니까요. 아시겠지만, 자신이 하는 일에 있어서는 언제나 더 나아지려고 끊임없이 노력해야 할 필요가 있죠.

림

당신이 직접 작업 중이거나 연구하는 주제에 맞춰서 수업 내용을 일종의 맞춤형으로 구성했을 수도 있을 것 같은데요.

라이카트

제가 직접 보고 싶거나 분석해 보고 싶은 영화들을 수업 재료로
활용하곤 했어요. 제 스스로 매너리즘에 빠지지 않도록 매번 영화를
바꾸죠. 그리고 어떤 수업에서는 정말 재미있는 작업을 한 적이
있는데, 모든 학생이 한 장편 영화의 특정 10분 분량을 각자 맡아서
제작한 뒤, 마지막에 그 파트들을 하나로 이어 붙여보는 식이에요. 매
학기 결과물이 달라서 정말 즐거운 수업이죠.

저는 일종의 '집중 훈련' 같은 수업도 진행하는데, 거기서는 영화를
조각조각 아주 세밀하게 해체하고 같은 장면을 몇 번이고 반복해서
찍어봅니다. 학생들은 수업 막바지가 되어서야 대사를 넣을 수
있어요. 그래야 대사 외의 다른 모든 요소가 영화 안에서 어떻게
작동하는지 볼 수 있기 때문이죠. 하지만 수업 분위기에 따라 과정은
늘 달라지고, 저 역시 제가 고민해 보고 싶은 주제에 맞춰 다루는
영화들을 바꾸려고 노력합니다.

저에게 가르치는 일과 영화를 만드는 일은 서로에게 자양분을
공급해 주는 관계예요. 보통 극영화 감독에게 가르치는 일은
부업이나 생계 수단 정도로 여기곤 하죠. 하지만 저는 그렇게

생각하지 않아요. 바드 칼리지에서 함께 가르치는 페기 아훼쉬, 재클린 고스, 에프라임 카츠 같은 동료들은 정말 멋진 사람들입니다. 그들의 영화들도 그렇고요. 그들과의 교류는 저에게 정말 훌륭한 '생각할 거리'를 던져줍니다. 그런 공동체적 기반을 갖추고 있다는 것이 영화 제작자로서 저에게 정말 큰 도움이 되었습니다.

림

준비한 시간이 거의 다 돼서 짧은 질문 두 개 정도만 더 드리고 마치겠습니다. 당신에게 드림 프로젝트가 있나요?

라이카트

웃기지만 《퍼스트 카우》가 드림 프로젝트였어요. 제가 존에게 절대 판권을 아무한테도 주지 말라고 했던 유일한 책이었죠. 하지만 어떻게 해야 할지 몰라서 오랫동안 간직만 했던 작품이었어요. 제게 드림 프로젝트는 언제나 차기작이에요. 제가 우공이산 같은 사람이라서요. 아침에 눈 뜨면 오직 그 한 가지 생각에만 천착하는, 지금 작업 중인 바로 그 프로젝트에만 온전히 매달리는 편입니다. 지금, 이 순간에도 제가 할 수 있는 모든 노력을 그 작업에 쏟아붓고 있어요. 결국 '꿈'이란 건, 아침에 일어났을 때 온 마음을 다해 몰두할 대상이 있다는 바로 그 자체니까요. 그래서 제게 꿈의 프로젝트란

늘 '다음에 할 작업'이에요. 그 작업을 통해 새로운 분야를 조사하고, 새로운 책을 읽고, 새로운 예술가를 발견하게 되죠. 그게 무엇이든 저를 새로운 무언가에 눈 뜨게 해주거든요."

림

지금 그 '드림 프로젝트'가 뭔지 말해주긴 곤란하겠죠? 지금 어느 단계까지 진행됐는지 말해줄 수 있나요?

라이카트

저랑 존이 함께 스카우팅을 조금 다닌 정도에요. 우리가 어떤 특정 장소를 염두에 두고 그 주변 상황에 자신을 가둔 채로 시나리오를 썼는데, 정작 나중에 그 장소를 섭외하지 못하게 될 수도 있잖아요. 그러니까 밖으로 나가서 직접 장소들을 확인하는 건 정말 좋은 일이에요. '좋아, 이건 작업의 일부야, 우리가 해낸 거야, 이 장소를 우리가 직접 걸어 다녀봤잖아'라고 느끼게 해주거든요. 저는 장소 섭외 담당자 출신이니까요. 지금 당장 할 수 있는 건 그런 일들이죠. 만약 지금 이 팬데믹 시기에 매달릴 프로젝트조차 없었다면 정말 끔찍했을 거예요.

림

작업을 좀 해왔나요? 팬데믹 동안 어떤 사람들은 더 왕성하게 작업을 하지만, 어떤 사람들은 능률이 떨어졌다고도 하니까요.

라이카트

대본도 쓰고, 연구 조사도 조금 할 수 있었어요. 근데 제가 집중하는 시간이 정말 짧은 사람이더군요. 어떡해야 할지 모르겠어요. 마음 같아서는 뇌를 꺼내서 한 번 씻고 다시 끼우고 싶어요. 최근에 제가 낮잠을 무척 좋아하는 사람이라는 걸 알게 됐어요. 긴 시간 동안 몰입하는 게 너무 어려워요.

림

낮잠을 자는 건 그리 나쁜 일은 아니에요. 이 질문으로 마무리하면 어떨까 싶은데요. 우리가 살아가는 지금, 이 순간의 이야기들이 감독님의 접근 방식에 어떤 영향을 주었는지 궁금합니다. 감독님의 작품은 현재가 배경이든 과거가 배경이든, 늘 '지금, 이 순간'과 긴밀하게 연결되어 있다고 생각하거든요.

저는 감독님의 작품들이 매우 정치적이라고 생각합니다. 《올드 조이》나 《웬디와 루시》 같은 영화들을 보면 21세기를 살아가는

미국인들의 실제 삶의 모습이 고스란히 담겨 있으니까요. 그래서
우리가 겪고 있는 이 매우 힘든 시기가 감독님이 현재 집필 중이거나
구상하고 있는 내용에 어떤 식으로 반영되고 있는지 궁금합니다.

라이카트

지금 이 시대가 저를 두렵게 만들기도 해요. 예술의 측면에서 보자면,
이 상황이 저에게 어떤 정치적인 영감을 주는 것은 아니에요.
대신 저는 예술이 우리에게 얼마나 중요한지, 그리고 예술이 마치
'음식'과도 같다는 사실을 깨달아요. 아침에 일어나서 몰두할 작업이
있다는 것, 그리고 뉴스에서 쏟아지는 정보가 아닌 다른 방식으로 이
모든 상황을 걸러내고 세상을 바라보거나 생각하게 해주는 필터가
있다는 것, 그 자체가 정말 소중하다는 걸 느끼고 있습니다.

글쎄요, 말하기가 참 어렵네요. 다만 제가 바라는 건, 앞으로 예술이
지나치게 깔끔해지지 않았으면 좋겠다는 거예요. 우리가 우리
자신을 표현하는 아이디어나 방식에 있어서 말이죠. 이 모든 상황이
결국에는 사람들에게 더 많은 기회를 주고, 더 개방적인 태도로
이어지기를 바랍니다. 우리가 가는 길이 지금보다 더 좁아지는 게
아니라, 사람들이 더 쉽게 예술에 접근하고 소통할 수 있는 그런
방향으로 말이에요. 사실 이 시국에 대해서 제가 뭐 그리 대단하고

심오한 말을 할 수 있겠어요. 저보다 똑똑한 누군가라면 몰라도요.

림

너무 좋은 말을 해줬어요. 이상으로 마칩니다. 감사합니다, 켈리.

Kelly Reichardt on First Cow / Live Q&A
Dennis Lim
July 09, 2020
Film at Lincoln Center

"좋은 사람이 될 순 있어도 위대한 예술가 될 순 없어요"

가이 매딘이 《쇼잉 업》에 관해 켈리 라이카트에게 묻다

가이 매딘

2023.03.16

2014년 「가디언」의 잰 브룩스와 진행한 인터뷰에서 켈리 라이카트는 바드 칼리지에 입주 작가 자격으로 가르쳤던 학생들을 회상했다. "제가 가르친 아이들을 사랑하지만, 그들은 한때의 우리처럼 화가 나 있지는 않아요. 그들은 두려움도 없고 분노도 없어요. 그래서는 좋은 사람이 될 순 있어도 위대한 예술가 될 순 없어요. 저는 늘 질문하죠. '너희는 아무것도 화나는 게 없니? 그러면 아이들은 저를 정신 나간 사람 보듯 쳐다봐요." 그의 끓어오르는 불만은 다가오는 전시 준비에 도무지 집중할 수 없는 도예 조각가 '리지'를 연기한 미셸 윌리엄스의 연기 전반에 스며 있다. 그는 대학에서 끝도 없는 행정 업무를 처리해야 하고, 가족들은 각기 다른 방식으로 성가시게 굴며, 집에서는 동료 예술가이자 집주인이기도 한 조(홍 차우)가 고장 난 온수 보일러를 고쳐주겠다고 약속만 하고 번번이 지키지 않아 관계가 틀어진다. 설상가상 조는 리지에게 다친

비둘기까지 맡겨둔 상태다. 언제쯤 그는 자기 시간을 자기 마음대로 쓸 수 있을까?

라이카트의 작품은 미국이라는 실험실의 밑바탕에 깔린 정치적 부패와 물질적 박탈을 반복적으로 강조해 왔지만, 코미디를 원동력으로 삼았던 적은 거의 없었다. 미국의 과거를 재현한 시대극들(《믹의 지름길》,《퍼스트 카우》)을 만들거나 시골 외곽 지역을 배경으로 삼는 등(《어떤 여자들》,《웬디와 루시》) 라이카트의 작품 속 환경은 그의 삶과 거리가 있다. 《쇼잉 업》은 꼭 자전적인 작품은 아니지만 분명 그의 실제 삶과 가까운 세계를 기반으로 하고 있다. 이는 그의 영화에 코미디가 새롭게 전면에 등장한 이유일 수도 있다. 지긋지긋한 삶의 난관 속에서 우리는 살아남기 위해 끊임없이 새로운 웃음거리를 찾기 때문이다.

이번 인터뷰에서 라이카트는 스타일 면에서 자신과 정반대 지점에 있는 캐나다의 이단아 가이 매딘과 줌으로 대화하고 싶다고 요청했다. 매딘은 철저한 무정부 감수성과 세심한 무성영화 이미지 재현으로 유명하다. 두 사람 모두 영화에 정통한 시네필이며 리지처럼 정기적으로 학교에서 일하는 예술가들이다. 그들의 폭넓은 대화는 이메일에서 나눴던 이야기를 자연스럽게 이어받아 전개된다.

• •

매딘

작년 봄 칸에서 당신이 했던 인터뷰를 봤어요. 해변 바깥에서
진행한 인터뷰였죠. 세상에, 당신은 영화사에서 가장 상냥한
영화감독이에요. 영화계를 넘어 가장 상냥한 사람이죠. 당신
인터뷰를 듣는 것 자체가 즐거웠어요. 처음 당신을 만난 순간부터
지금까지 당신과 이야기하는 건 늘 편합니다.

라이카트

정말 고마워요. 제가 제작 수업을 가르치는데요. 학생들이 처음
내러티브 작업을 할 때, 작품에 기쁨이나 생동감을 불어넣고
뻣뻣한 내러티브에서 벗어나라고 요구하고 싶을 때, 저는
《조심Careful》(1992)의 일부 장면을 보여줘요. 당신의 작품은 학생들이
자기 세계에 생명을 불어 넣을 수 있도록 제작 과정에 얽매이지 않는
영감을 줍니다.

매딘

제가 기술적으로는 별로 뛰어나지 않았기 때문이에요. 그냥 다른
촬영 현장에서 무슨 일이 벌어지는지 봤는데, 사람들이 가진 기술에
관한 근심이 즐거움을 가로막는다고 느꼈을 뿐이죠. 제가 지역 영화
신에서 도와주던 영화들은 기껏해야 언더그라운드 영화로 평가

받거나, 할리우드 영화 흉내나 내려다 실패할 저예산 영화가 될
거라고 생각했어요. 그래서 '그냥 재미를 보여주든지, 아니면 뭔가
날것 그대로를 드러내면 어떨까'라고 생각했죠. 당신이 수업에서
조지 쿠차를 다룬다는 얘기를 듣고 정말 기뻤어요. 그는 매일 아침
침대에서 벌떡 일어나 수많은 영화나 비디오를 만들겠다는 의도로
촬영을 시작한 사람이었고, 아마도 병적으로 그걸 하지 않으면 안
되는 강박을 가진 사람이었을 거예요.

라이카트

당신처럼 열린 작업은 타고난 창의력이 필요해요. 전에 없던 걸
만들어내야 하죠. 저는 항상 '다른 형식으로 작업하고 싶다'라는
생각에서 시작해요. 좀 더 몽타주를 활용하거나, 에세이 요소를
담거나, 뭔가 다르게 하려고 하죠. 그런데 결국엔 늘 익숙한 전철로
돌아가 장르 안에서 작업하게 되더군요. 저는 이렇게 열린 방식이
훨씬 어렵다고 생각해요. 하지만 학생들을 가르칠 때는 항상
이렇게 말하죠. "봐, 이건 기회야. 너희도 할 수 있어." 그리고 바로
어제도 학생 중 한 명과 그런 대화를 나누면서, 그 학생이 이렇게
말하더군요. "우리가 원한다면 이미 있던 방식을 따라서 영화를 만들
수도 있는 거죠?" 저는 그 말이 무슨 뜻인지 깨닫고 이렇게 말했죠.
"그것도 여러 방법 중 하나지."

매딘

그들은 학부생이잖아요. 많은 사례를 따라하고 싶을 나이죠. 모방도 그 자체로 의미가 있으니까요.

라이카트

맞아요, 저도 모방을 어느 정도 권장하는 편이에요. 항상 학생들에게 장면을 다시 만들게 하거든요. 이번 학기에 저는 《허니문 킬러스The Honeymoon Killers》(1970)를 리메이크하고 있는 수입과 《뒤죽박죽Topsy-Turvy》(1999) 속 장면들을 활용해 작업하는 수업을 진행하고 있어요. 이렇게 하면 학생들이 당장 작가가 되지 않더라도 영화를 만들 때 카메라를 어디에 둬야 하는지 고민해 볼 수 있거든요.

매딘

저도 여기저기서 가르치는 일을 하고 있어요. 당신은 바드 칼리지에서 16년 정도 가르쳐 왔죠, 아마 중간중간 한 해 정도는 장편 영화 중 하나를 만들기 위해 쉬었을 테고요.

라이카트

저는 봄 학기에만 강의하고, 나머지 기간에는 영화를 만들 수 있도록 시간을 조율했어요.

매딘

좋네요.

라이카트

그런데 가르칠 때는 주로 뭘 하세요? 기억하기로는 한동안 하버드에

계셨죠.

매딘

하버드에 3년간 있었어요. 연구는 하지 않고 출강해서 제작 수업을

가르치는 일이었는데, 최대 3년까지 할 수 있는 자리예요. 제

전임자 중 몇 명은 정말 대단했죠. 마이클 알메레이다가 그중 한

명이었어요. 제가 사무실에 들어갔을 때 그가 이메일함을 닫지도

않고 갔더라고요. 저는 한 글자도 읽지 않고 바로 닫았죠. 전임자

중에 샹탈 아커만도 있었어요. 믿을 수 없었죠. 그래서 저는 정말

영광스럽고 기분이 좋았어요. 그런데 제작 수업을 어떻게 가르쳐야

할지는 모르겠더군요. 저는 영화 감상 수업과 영화 에세이 쓰기

수업만 해봤거든요. 다행히 한 해 전에 수업을 맡았던 그리스

영화감독 아디너 창가리가 수업 구성에 많은 도움을 줬어요. 저는

기본적으로 그의 수업을 따라 했죠. 심지어 창가리의 연구 조교까지 저에게 붙여줬어요.

무슨 말을 하려 했냐면, 별안간 학생들은 영화를 구상하고 시나리오를 써야 하는 상황에 놓인다는 거예요. 즉, 그들은 저마다 시나리오 작가가 되어야 하죠. 그러고 나면 테이블에 둘러앉아 모든 학생이 피드백을 주면서 모든 개인적 특성이 깎여 나갈 때까지 토의합니다. 그다음 실제 촬영하고, 촬영한 영상을 두고 또 끝없이 토의하죠. 그 과정에서 누군가의 목소리가 드러나는 건 거의 기적 같은 일입니다. 하지만 종종, 어쨌든 목소리가 나타나곤 해요. 저는 이게 글쓰기와 비슷하다고 생각해요. 목소리가 있는 사람은 있고, 없는 사람은 없죠. 몇몇 학생들은 분명히 자기 목소리를 가지고 있는 것 같고, 저는 그냥 그 목소리를 따라가도록 격려할 뿐입니다. 그게 제가 한 전부예요.

라이카트
몇몇 학생들이 엉망진창이어도 조지 쿠차는 수업 중에 일어나는 일을 촬영하며 학생들과 함께 영화를 만드는 게 인상적이었어요. 그건 분명히 에너지가 필요한 일이죠. 그래서 요즘은 무슨 일 하고 지내요?

매딘

저는 토론토 대학교에서 가르치는 일을 몇 년 쉬고 몇 가지 프로젝트를 시작해 볼 수 있을지 도박을 걸었어요. 그 도박이 바로 결과를 내진 못했어요. 여전히 '손가락 꼰 채' 진행 중이고, 뭔가 일어날 거 같아요. 두고 보면 알겠죠.

라이카트

캐나다는 어떻게 운영되나요? 국가에서 지원받나요, 아니면 민간 투자인가요?

매딘

자기 지역에서 영화를 찍으면 아주 강력한 인센티브를 줘요. 정말 적극적이죠. 캐나다는 텔레필름(Telefilm)이라는 국가 기관에서 예산의 50%를 지원해 주고, 주 정부 기관도 지원해 주죠. 저는 매니토바주 위니펙에 살고 있는데 매니토바주의 세금 공제 혜택은 엄청나요. 하지만 결국에는 스스로 채울 수 없는 자금 격차가 생기고, 그 격차를 배우로 해결합니다. 저는 유명 배우를 영화에 쓰지 않고 버텨 왔어요. 《어떤 여자들》에서 당신은 A급 배우들을 기용했죠.

라이카트

미국에서 영화를 만들려면 어쩔 수 없어요. 우리가 이메일로 짐 브로드벤트와 마이크 리에 대한 애정을 애기 했었죠? 솔직히 말해, 미국에 마이크 리는 존재할 수 없어요. 그런 방식의 제작 과정은 불가능하죠.

매딘

그래도 그는 짐 브로드벤트를 비롯해 제가 스타라고 생각하며 우러러보는, 함께 작업하고 싶어 애가 탈 정도로 뛰어난 사람들을 만들어냈잖아요.

라이카트

맞아요. 저는 《믹의 지름길》에서 《뒤죽박죽》에 출연한 셜리 헨더슨과 작업할 기회가 있었는데, 한순간도 그를 놓치고 싶지 않았어요. 저는 마이크 리의 공동체적 접근, 그리고 배우들과 함께 보내는 많은 양의 시간을 존경해요. 저희는 사실 리허설을 거의 하지 않아요. 촬영 직전에 배우들을 데려와서 현장에 투입하죠. 때로는 어떤 프로젝트를 주거나 캠핑을 떠나라고 시키기도 해요. 저도 리허설은 좀 무서워요. 소품으로 둘러싸인 공간에 배우들이 의상을 입은 상태로 처음 장면을 진행할 때 느껴지는 안도감 같은 게 있어요.

완전히 다른 접근 방식이죠. 당신 영화는 어떤가요?

매딘

제가 처음 시작했을 때는 그냥 누군가 제 영화에 출연해 준다는 것만으로도 감사했어요. 그래서 촬영을 시작하면 카메라가 돌아가는 동안 바로 연출을 했죠. 그러다가 스스로에게 "아니, 다른 감독들처럼 해야 해. 테이블 리딩도 하고, 리허설도 해야 해"라고 말하기 시작했어요. 제 초기작《조심》촬영 전 한 주간 스튜디오를 예약했을 때가 생각나네요. 배우들을 사복 차림으로 큰 형광등이 켜진 회의실에 모았어요. 그런데, 그 자리에는 제가 보고 싶거나 듣고 싶은 게 전혀 없더라고요. 언젠가 리허설을 할 수도 있겠다고 생각했지만, 사실 그건 세트와 의상을 다 갖추고 해야 하는 일이에요. 그런데 그러면 그냥 촬영을 시작하는 게 낫죠, 배우들이 우연히 만들어내는 멋진 장면을 놓치지 말아야 하니까요. 게다가 배우 조합을 낀 촬영이라면 대부분은 리허설 시간을 감당할 수 없어요. 예산을 감당할 수 없으니까요.

라이카트

우리도 마찬가지예요.《쇼잉 업》에서 미셸은 촬영 전 6개월 동안 조각가 신시아 라티와 함께 점토 작업을 연습했어요. 홍은 영화 속 예술가로 나오기도 했던 미셸 세그레와 함께 작업했어요. 즉, 그들은 실제 예술가들과 함께 작업하며 경험을 쌓았고, 동물에 대해서도 몇 가지를 배워야 했죠. 보통 동물과 관련된 학습 활동은 대화 중심이 아니어서 사람들을 자연스럽게 하나로 모아줍니다. 그게 전부예요.

매딘

영화를 보고 나니 강아지를 산책시키러 나가야겠더군요. 영화가 끝나고 영화의 박자를 느끼는 자신을 발견했어요. 그 리듬이 글쓰기에서 나오는 걸까요, 연기에서 나오는 걸까요? 촬영인가요, 아니면 미장센인가요? 프레임 안에 항상 호기심을 일으키는 요소가 충분히 있으니까요. 영화가 절반쯤 진행되었을 때, 저는 제가 특정 속도로 달리는 기차 위에서 아름답게 움직이고 있다는 느낌을 받았어요. 자크 타티가 떠올랐죠. 이런 인물과 비교될 일이 흔치 않죠?

라이카트

와, 당연히 흔치 않죠.

매딘

예를 들어 《플레이타임PlayTime》(1967)에서 타티가 한 장면을

얼마나 길게 붙잡고 가는지 생각해 보세요. 조너선 로젠봄은
《플레이타임》을 '상호작용 하는 영화'라고 설명하길 좋아했죠. 물론
지금은 모든 영화가 상호작용입니다. 화면과 인간의 눈, 이진법적
경험이니까요. 그런데 타티는 프레임 안에서 관객이 흥미나 재미를
느낄 만한 요소를 발견할 시간을 줍니다. 저는 당신의 프레임에서도
그걸 느꼈어요. 장면을 내놓는 방식이 있더라고요. 과거에 말했듯이,
캐릭터들은 이 세상을 잠깐 스쳐 지나가고, 관객이 그들을 바라볼
기회를 주는 거죠. 정말 즐거운 경험이었고, 기쁨을 넘어 심지어
코믹하다고까지 느꼈어요. 가끔은 소리 내어 웃기도 했는데, 저는
쓰리 스투지스* 영화를 볼 때가 아니면 그렇게 웃지 않거든요. 그런데
《쇼잉 업》이 주는 느낌은 래리, 모, 컬리와 견줄 만했어요.

라이카트

참 친절하시네요. 저도 그 배우들의 과격한 연기를 보며 자랐거든요.
그렇게 말씀해 주시니 기분이 좋네요. 제가 영화를 직접 편집하는데,
리듬을 아주 중요하게 생각하기 때문이에요. 그래서 가끔은 '만약
다른 사람이 내 영화를 편집했다면 어땠을까, 내가 뭔가 놓치고 있는

---

*   래리 파인, 모 하워드, 컬리 하워드 등으로 구성된 1922년부터 1970년까지
활동했던 미국의 코미디 그룹. 슬랩스틱을 주로 구사했으며 콜롬비아
픽처스를 통해 190여 편의 단편을 선보였다.

건 아닐까? 하고 스스로 되묻기도 하죠. 사실 이 과정을 포기하고 싶지 않아서 이기적이지만 제가 직접 합니다. 하지만 궁금해요. 각 영화의 가편집 단계마다 제 친구 토드 헤인즈가 와서 편집본을 보거든요. 제가 영화를 만들 때 쓴 노트를 꺼내보면 첫 번째 메모들은 거의 항상 "리듬을 깨라, 리듬을 깨라, 리듬을 깨라" 같은 내용이에요. 제가 언제 멈추고 언제 가야 하는지 배우고 있기를 바랄 따름이죠. 제가 만든 영화에는 모든 것에 기준이 되는 절대적이고 결정적인 리듬이 있는 것 같아요. 마치 제 안의 시계가 있는 것처럼요. 그런데 그 리듬이 한 번도 깨지지 않으면 오히려 해로울 수 있어요. 편집에서 가장 가치 있는 메모는 대체로 "리듬이 너무 일정하다" 같은 거예요. 영화마다 이런 순간을 찾는 게 도전이에요. 이번 작품에서 저는 제 본능을 거스르는, 그래서 무척 재밌는 새로운 리듬을 발견했어요. 하지만 그게 뭔지 아무도 모르겠죠?

매딘

조명도 참 적절했어요. 영화에서 비둘기가 처음 등장할 때 그 자연스럽고 거의 우연에 가까운 방식이요. "아, 비둘기가 숏 안을 돌아다니네" 하고 그저 보게 되죠. 빛 때문에 비둘기의 일부만 보이는데 그게 정말 아름다워요.

라이카트

저는 촬영감독 크리스 블로벨트와《믹의 지름길》이후로 계속 함께 작업해 왔는데, 솔직히 말해서 제 인생에서 큰 기쁨 중 하나였어요. 제게 맞는 카메라 담당자를 찾는 게 그렇게 어렵더라고요. 솔직히 포기할 뻔했죠. 훌륭한 협업은 정말 인생에서 큰 즐거움 중 하나잖아요. 저는 글쓰기 친구 존 레이먼드, 그리고 블로벨트와 그런 경험을 했어요. 그는 항상 "세컨드 카메라를 쓰자"라고 제안하는데, 저는 항상 "싫어, 싫어, 싫어"라고 하죠. 한 가지 생각에만 몰두하는 스타일이거든요. 촬영할 때 이미 컷을 어떻게 만들지 마음속으로 정해놨으니까요.

매딘

일을 복잡하게 만들고 싶지 않은 거군요.

라이카트

제 뇌는 동시에 두 가지 일을 처리하는 법을 몰라요. 하지만《쇼잉 업》에서는 보조 카메라를 사용하긴 했어요. 한 장면에서 두 대를 쓰진 않았고, B-카메라처럼 주변을 찍는 용도였죠. 카메라 두 대로 한 장면을 찍어본 적은 없어요.《믹의 지름길》에서 마차가 산에서 내려가는 장면만 빼고요. 그 장면은 정말 놓치고 싶지 않았거든요.

하지만 드라마 장면을 카메라 두 대로 찍어본 적은 없어요.

그런데 저는 당신 영화를 볼 때 어두운 주제를 다루더라도 그 안에
기쁨이 깃든 개방성을 느껴요. 사람은 늘 남의 잔디가 더 푸르게
보이나 봐요. 저는 "어떻게 그 경지에 다다를 수 있을까?" 하고
생각하게 돼요.

매딘

우리가 처음 만났을 때, 당신이 갑자기 얼마나 다른 방식으로
작업하길 원하는지 얘기했던 게 기억나네요. 당신은 항상 그런
마음을 가지고 있군요. 그게 저는 참 마음에 들어요.

라이카트

맞아요, 영화를 만들기 시작하면 한동안은 "와, 나 정말 새로운 길에
서 있구나" 하고 생각하죠. 그런데 얼마 지나지 않아 "아, 또 여기네.
젠장"이라고 말하죠.

매딘

그래도 꽤 괜찮은 위치에 있는 거예요. 당신은 걸작을 만들잖아요.

라이카트

우리가 즐겨 보는 것과 우리가 실제로 만드는 것이 다르다는 게
참 재밌는 점이에요. 꽤 오래전 영화이긴 하지만, 《나의 위니펙_{My}
_{Winnipeg}》(2007)은 제 세계에서 정말 큰 부분을 차지해요. 영화 자체도
좋지만, 가끔 심하게 잠이 안 올 때《나의 위니펙》을 라디오
프로그램처럼 틀어놓고 듣기도 하거든요. 아마 그 영화를 달달
외울 수도 있을 거예요. 이 영화를 꺼낸 건 리듬 얘기가 나왔기
때문이에요. 그 영화는 정말 훌륭한 리듬이 있고 영화로서 완벽하게
작동하지만 동시에 라디오처럼 오디오 경험만으로도 훌륭하게
작동하죠. 이 영화 같은 경우는 사운드 디자인이 이미지보다
앞섰나요, 아니면 함께 했나요?

매딘

그 영화는 제 작품 중에 구체적인 리듬을 가진 유일한 영화일 거예요.
대본 비슷한 게 있긴 했죠. "절대 다큐멘터리나 에세이 영화는 안
만들어. 조사가 너무 많이 필요해. 대신 그냥 극영화 대본 비슷한
걸 써놓고 내 고향에 대한 에세이 영화나 다큐멘터리를 만들어보면
시스템을 살짝 속일 수 있지 않을까?"라고 생각했어요. 하지만 그
대본에는 내레이션이 전혀 포함되어 있지 않았어요. 제가 촬영한
여러 에피소드만 있었죠. 몇몇 장면은 스토리보드를 그렸고, 어떤

장면은 그냥 가서 찍기도 했어요. 그러다 이걸 편집해야 할 시점이 오자 75분짜리 보이스오버 내레이션을 써야 하는 막대한 작업이 저를 기다리고 있었죠. 그래서 녹음실을 21일 연속으로 예약했어요, 그리고 매일 딱 15분만 들어갔죠. 들어가서 스스로 "말하기를 절대 멈추지 마!"라고 다짐했어요. 저를 아는 사람들은 그 약속이 얼마나 쉬운 약속인지 알 겁니다. 저는 즉흥적으로 내레이션을 말했고, 그중 가장 좋은 부분만 골라냈어요. 이렇게 저와 녹음 엔지니어 단둘이 이야기를 끝까지 완성해 나갔죠.

제가 가장 먼저 떠올려 말한 것이 '위니펙'이었어요. 그리고 말을 멈추지 않겠다고 스스로에게 약속했으니 다시 말했죠. "위니펙, 위니펙." 그래서 영화의 첫 세 단어가 "위니펙, 위니펙, 위니펙"이 된 거예요. 그리고 "이걸 하루 종일 할 수는 없지"라고 생각했죠. 그래서 "눈 덮인, 몽유하는(snowy, sleepwalking)"이라고 말했어요. 그러고는 "좋아, 오늘은 이 정도면 됐다"라고 생각했죠. 몇 번 더 시도하면서 점점 리듬을 타기 시작했어요. 그 녹음실은 정말 편안했어요. 계란판 같은 고무 흡음재로 둘러싸인 곳이었죠. 소리라곤 머릿속을 울리는 녹음 엔지니어의 촉촉한 속삭임뿐이죠. 그래서 "녹음 엔지니어를 최면에 빠뜨려 보자. 아니면 그냥 재워버리자"라고 결심했어요. 그다음 편집자가 먼저 오디오를 마치 라디오 드라마처럼 하나로

합쳤어요, 우리는 그걸 '라디오 플레이 컷'이라고 불렀죠. 그러니
당신이 그 영화를 라디오 쇼에 비유한 게 정말 흥미로워요. 실제로 이
영화는 한동안 라디오 쇼 형태로만 존재했거든요.

제가 말한 내용 중 화면으로 채워지지 않은 부분이 많아서 이틀
정도 추가로 촬영했어요. 심지어 LA까지 다시 날아갔죠. 제 엄마
역할을 맡은 B급 영화의 팜 파탈 앤 새비지가 거기 살았거든요.
그의 집에 가서 몇 장면 더 찍었어요. 그리고 기차 객실 세트도 하나
만들어서 빈자리를 메울 작은 장면들을 찍었죠. 필요한 조사는 제
마음과 불완전한 기억 안에서 모두 끝냈고, 영화는 점점 기차 안에서
펼쳐지는 라디오 드라마의 리듬을 갖기 시작했어요. 모르겠어요.
아주 이상한 작업이었죠.

라이카트

그 라디오 플레이 컷을 만들 때 사운드 이펙트도 넣었나요, 아니면
목소리만 있었나요?

매딘

목소리만 있었어요. 대부분의 영화처럼 나중에 음악을 추가했죠.
당신 영화에는 외재적(non-diegetic) 음악이 없죠?

라이카트

이번 작품에는 조금 넣었어요, 학생들 옷차림도 그렇고 우리가 촬영한 장소도 그렇고, 모든 것이 70년대 분위기를 강하게 풍겼거든요. 촬영지였던 그 오래된 학교(오리건 예술 공예학교)는 많은 예술 학교처럼 문을 닫은 상태였어요. 코로나 때문에 건물 재정비도 중단된 상태였고요. 그래서 저는 그런 분위기를 상쇄하기 위해 디지털 방식으로 작업하는 작곡가 이선 로즈와 함께 그곳에 어울리는 소리를 삽입하려 했어요. 그러다 음악 감독인 돈 서터 마델이 제가 혼자서는 절대 알아내지 못했을 새로운 음악을 잔뜩 소개해 줬죠. 그 덕분에 《쇼잉 업》이 현대 영화임을 확실히 하는 데 도움이 되었어요.

매딘

미안해요, 영화에 음악이 없는 줄 알았어요. 당신 영화는 억지스러운 도움 없이 그냥 그 상황에 바로 들어가 있는 느낌이었거든요.

라이카트

음악은 대부분 오프닝 크레딧에 깔려 있었어요. 아니면 안드레 3000이 연주한 플루트 솔로 정도였죠.

매딘

아, 그렇죠. 안드레의 플루트.

라이카트

네, 저는 엔딩에서 안드레의 플루트로 마지막 컷을 마무리했어요.
정말 좋았죠.

매딘

영화 중간쯤에 화면에 보이진 않지만 영화 속에서 연주되는
플루트가 몇 번 나오죠. 시야 밖 어딘가에서 플루트를 사용하는
움직임 수업이 있는 것 같다는 느낌이 들어요. 저는 그 공간
안에서 벌어지는 예술에 대한 말 없는 평가를 느끼게 하는 방식이
정말 좋았어요. 관객이 그 예술이 훌륭하다고도, 형편없다고도,
혹은 '예술학교 수준에서 나쁘지 않다'라고도 믿도록 강요하지
않죠. 그냥 스스로 판단하게 됩니다. 리지의 진행 중인 작품들을
클로즈업해 보여주지만, 그 장면들도 어딘가 모호해요. 정확히 무슨
일이 벌어지고 있는지 확신하기 어렵죠. 저는 아주 민감한 공포
감지 장치를 갖고 있어서 그런지 불안감을 많이 느꼈어요. 아마
미셸 윌리엄스의 연기나 몸짓 때문인가 봐요. 그런데 그 불안감이

묘하게도 웃기더라고요. 저는 불편함을 느끼게 만드는 순간을
아주 좋아하거든요. 그리고 다친 비둘기를 발견하면서 모든 것이
굴러가기 시작하는 그 훌륭한 유머까지! 리지는 누구나 그렇듯
그 비둘기를 처리하고 싶어 하지만, 몇 초 만에 다시 그 비둘기와
함께하게 되죠. 거의 프레스턴 스터지스의 개그를 켈리 라이카트가
연출한 것 같은 느낌이랄까요.

라이카트

그건 조너선 레이먼드가 쓴 장면이에요. 작업하는데 정말
재미있었죠. 삶이 예술을 닮고, 예술이 삶을 닮는다는 게 참 웃겨요.
저는 지금 뉴욕에 있는데, 지난 가을 포틀랜드의 제 아파트에
있었을 때, 하루 종일 벽 너머에서 '와, 와, 와' 하는 작은 소리가
들려오더라고요. 그리고 다음 날 아침 여섯 시에 또 그 소리에
깨는데, 현관문이 열리는 소리가 들렸어요. 저는 이웃을 전혀 몰라요.
몇 년 동안 서로 인사만 했지 제대로 소개한 적은 없거든요. 그래서
침대에서 뛰어나와 밖으로 나갔죠. 제 이웃이 제 문 앞에 서서 아침
여섯 시에 노크할지 말지 고민하고 있더라고요. 제가 말했죠. "강아지
키우세요?" 그가 "네"라고 했어요. 그래서 제가 "일하러 가려고
준비하는 거예요? 그 강아지를 하루 종일 혼자 두고?"라고 물으니,
그가 "제가 출근해야 해서요. 우리 집 문은 열려 있으니까 원하면

가서 강아지에게 인사해도 돼요"라고 하더군요.

매딘

강아지에게 인사를 여덟 시간 동안 해달라는 말이네요.

라이카트

그렇죠. 그래서 그가 나가고 나서 저는 그 아파트에 들어갔어요. 그러자 1.5kg도 안 되는 주먹만 한 털 뭉치 강아지가 우리 안에서 짖고 있더라고요. 제가 품에 안았더니 즉시 짖는 걸 멈췄어요. 그래서 옆집으로 데려왔죠. 제가 뭘 할 수 있었겠어요? 제 아파트로 데려와서 두 달 동안 무릎에 올려놓고 글을 썼고, 당연히 사랑에 빠졌죠. 그냥 "어떻게 이런 일이 방금 일어난 거지?" 싶더라고요.

매딘

영화를 다 만들고 생긴 일이잖아요. 믿기지 않네요.

라이카트

친구들이 항상 제게 강아지를 키우라고 말하거든요. 그런데 저는 "다시 강아지를 키울 수 있을지 모르겠어. 강아지는 절대 안 키울래"라고 말하곤 했죠. 그런데 어느 순간 갑자기 강아지가 나타난 거예요. 심지어 제 강아지도 아니잖아요? 그러면서 이웃과의 관계가 시작됐어요. 갑자기 그가 뭘 하는지 제가 다 알게 되고, 제가 뭘 하는지 그도 다 알게 되는 관계요. 강아지가 어디에 있을지 시간을 맞춰야 하고, 하루 종일 강아지가 어디에 똥을 쌌는지에 대해 끊임없이 대화를 나누게 됐죠.

매딘

저도 다른 가족과 함께 개를 키우거든요. 하루 종일 배변 얘기만 하면서 시간을 보내죠. 아마 반려견은 함께 키우는 게 제일 좋은 방법인 거 같아요.

라이카트

맞아요, 함께 키우는 개는 정말 좋죠. 견종이 어떻게 돼요? 불도그인가요?

매딘

저기 자고 있어요. 프렌치 불도그예요. 이름은 '언트 릴'이에요.

라이카트

세상에, 우리가 얘기하는 동안 굶어 죽는 거 아니에요?

매딘

프렌치 불도그 모양 피냐타처럼 생겼죠.

라이카트

제가 뉴욕에서 머무는 건물에는 프렌치 불도그가 가득해요. 개 산책시키는 사람이 와서 건물 안 모든 개를 데리고 나가는데, 여덟 마리쯤 되는 프렌치 불도그와 함께 건물을 나가죠.

매딘

프렌치 불도그는 정말 친절하고 사랑이 많지만, 호흡 문제가 있어요. 저는 하루 종일 걱정하면서 지내죠. 숨소리를 듣고 괜찮은지 계속 확인해요. 이렇게 불도그를 계속 돌보면서 제 안에 있는 죄책감, 두려움, 근심을 느껴요. 이 감정들은 제가 처음 필름메이킹을 시작한 계기예요. 그렇다면 프렌치 불도그를 돌보는 일 덕분에 제가 큰 두 번째 전환점을 맞을 수도 있지 않을까요?

라이카트

맞아요, 제 옛 강아지 루시도 14년 동안 제 영화 제작을 이끌어 줬죠. 지금 바로 모든 걸 정리할 기회예요, 가이.

매딘

좋군요.

라이카트

맨해튼의 마스트 북스에서 바닥에 앉아 쿠차가 쓴 책을 읽었던 적이
있어요. 사실 살 형편은 안 됐지만 그래도 살 수밖에 없는 책이었죠.
그리고 그 책에서 그의 강아지가 죽었을 때 이야기를 읽고 있었는데,
계산대 뒤에 있던 여자가 "저기요, 혹시 영화감독이세요?"라고 묻는
거예요. 저는 "아, 들켰구나"라고 생각했죠. 돌아봤더니 당신이
계산대에 서 있었고, 그 사람은 당신에게 말하고 있었어요. "저는
정말 당신의 팬이에요"라고 말하더라고요. 그래서 저는 "아, 그러면
그렇지. 역시 가이 매딘이야"라고 속으로 말했죠. 이렇게 당신과
쿠차, 그리고 나까지 모두 뉴욕 동부를 중심으로 연결된 셈이에요.

매딘

믿기지 않네요. 저도 당신을 보면 쿠차가 떠오르고, 쿠차를 보면
당신이 떠오르거든요. 그는 사람들이 먹는 모습, 그냥 뭔가를 하는
모습 같은 일상의 사소한 모습을 통해 진실에 도달하죠.

라이카트

왜 그의 영화들은 그렇게 슬플까요? 그렇게 웃기면서도 슬프잖아요?

매딘

한동안 저는 그의 비디오 아트 작업보다 영화들을 더 좋아했어요.
하지만 그의 비디오들도 기적 같아요, 특히 카메라 자체 기능으로
바로 편집해 만든 작품들이 그렇죠.

라이카트

다시 찾아봐야겠어요. 아주 오래전에 봤는데, 그 뒤로는 한 편도 보지
못했거든요. 당신은 어떤 작품 가지고 있어요?

매딘

여러 의심스러운 출처에서 얻은 것들이 좀 있어요. 그래도 제겐
소중하죠. 그의 쌍둥이 형 마이크와 함께 만든 초기 작품들도
있고요. 《황홀경에 대한 욕망 Lust for Ecstasy》(1963)은 제가 가장 좋아하는
영화 중 하나예요. 제목도 훌륭하고, 순수한 시네마죠. 그냥 행동,
움직임뿐이에요. 대사도 없고, 어떤 설명도 없어요.

라이카트

쿠차 형제와 아는 사이에요?

매딘

조지는 조금 알고 지냈어요. 제가 샌프란시스코에서 영화를
상영하면 보러 와주곤 했고, 한 번은 위니펙에 일주일 정도 와서
워크숍을 가르치기도 했죠. 그때 함께 어울리기도 했어요. 그는
저에 관한 영화까지 만들었는데, 저는 아직 볼 용기가 없어요.
점심을 먹으러 나갔을 때 저를 찍었거든요. 제가 이야기하고 먹는
모습을 비디오로 찍었고, 분명 제가 음식 씹는 장면을 기괴할
만큼 클로즈업했을 거예요. 그러다 그는 화장실로 가서 한동안 안
나타났죠. 저는 아마도 그가 화장실에서 찍은 변기 숏과 제가 먹은
음식을 마법 같은 편집으로 연결해 넣을 거라고 생각해요. 저는 제
모습을 보는 걸 좋아하지 않아요. 그 영화는 나중에 훨씬 나이가
들어서, "어, 저 때는 머리색이 조금은 진했네" 하고 놀랄 시기에
보려고 아껴두고 있어요. 그게 제 노후 자금이에요.

라이카트

그걸 가지고 있어요?

매딘

네, 있어요. 아직 보진 않았지만요. 그가 세상을 떠나기 1년 전,

그러니까 2010년에 만든 작품이에요. 그리고 그는 우리처럼 학교에서

학생을 가르치기도 했죠. 저는 가르치는 게 즐거운데, 당신은

어떤가요?

라이카트

저도 좋아해요. 뭐든지 그렇듯 자기에게 맞는 장소를 찾으면요. 바드

칼리지는 제게 정말 좋은 곳이었고, 훌륭한 동료들도 많이 있었어요.

바드 칼리지에서 수업할 때면 저는 일주일에 하루 학교 근처

하숙집에서 묵는데, 그곳과 그 집 주인들에게 정이 많이 들었어요.

집과 허드슨강 사이에는 기찻길만 하나 있어요. 기차가 거의 제

침실로 들이닥칠 것처럼 느껴질 때도 있죠. 저는 그곳에서의 루틴이

좋아요. 기차를 타고 올라가서 일주일에 하루 거기서 머무는 거죠.

매딘

그럼 수업은 주 1회인가요?

라이카트

화요일과 수요일마다 있어요.

매딘

저는 계속 가르치는 게 중요해요. 좋아하기도 하지만 생계를 위해서
필요하거든요.

라이카트

저도 그래요.

매딘

그런데 조금 걱정돼요. 이제 은퇴할 나이인데 은퇴할 수가 없거든요.
다행히 가르치는 걸 좋아하긴 하지만, 제가 이제 무려 예순 여섯
살이에요. 일흔이 되면 사람들이 일흔 살 먹은 사람에게 계속 수업을
맡기려고 고용하지는 않을 거잖아요.

라이카트

세상에, 내 말이요. 저는 가르치는 걸 즐기기도 하지만 동시에
그게 제 건강보험이기도 하고, 지금 같은 규모의 영화를 만들 수
있게 해주는 기반이기도 하거든요. 제 영화에 잘 알려진 배우들이
나오긴 하지만 우리가 어떤 예산으로 작업하는지 사람들이 알면
놀랄 거예요. 그 예산들에 감사하지만, 그래도 저는 여전히 강의가

필요해요. 그리고 강의는 저를 환기해 주기도 하고요. 이를테면, 지금 저는 포틀랜드에 살고 있지만 강의하면 다시 뉴욕으로 돌아오죠. 그런데 가르치는 일을 하지 않았다면 20대들이 무슨 생각을 하는지, 어떤 사람들인지 전혀 알 수 없었을 거예요. 몇몇 친구들의 자녀들 말고는 그 세계와 완전히 단절됐겠죠. 그래서 저는 그 에너지가 좋아요. 그리고 영화를 분해해서 보고, 학생들이 그것을 다시 만들어보려 애쓰는 걸 보는 것도 좋고요. 게다가 학생들은 기술에 익숙하기 때문에 제가 못 고치는 건 뭐든지 고칠 수 있죠.

매딘

맞아요. 그 애들은 여섯 살 때부터 휴대폰으로 편집을 해왔죠. 저는 여전히 둘 다 해야 해요. 여러 세대와 계속 연결되어 있고 싶거든요. 하지만 그러려면 강사로서 신뢰도를 유지하기 위해서라도 계속 영화를 만들어야 한다고 느껴요. 그래서 계속할 수밖에 없죠.

라이카트

당신은 우리를 위해, 모두를 위해 계속 영화를 만들어야 해요.

매딘

그렇죠, 세상의 이익을 위해서.

라이카트

맞아요.

매딘

당신 영화 속 조각 작품들, 정말 좋았어요.

라이카트

정말 훌륭하죠. 그 작품을 만든 예술가 이름은 신시아 라티예요. 그와 조너선 레이먼드는 아주 오래전부터 알고 지낸 사이예요. 저는 15년, 20년 동안 그의 작업을 보러 다녔지만, 이렇게 깊게 얽힌 건 처음이었어요. 애초에 시나리오는 그를 염두에 두고 만들어졌죠. 웃긴 게, 이 프로젝트를 아주 처음 시작할 때 우리는 에밀리 카의 전기를 만들려고 했어요. 그가 10년 동안 부동산 임대업을 하며 그 덕분에 그림 그릴 시간을 더 많이 확보해 줄 거라고 기대했던 시기가 있었어요. 하지만 실제로는 그의 삶이 세입자를 중심으로 돌아가고, 그림은 더 줄어들었죠. 그게 우리의 출발점이었고, 에밀리 카가 미국에서는 굉장히 생소한 화가라고 생각했어요. 그런데 캐나다에 가보니….

매딘

사방에 그의 이름이 붙어 있죠.

라이카트

맞아요, 곳곳에 동상이 있더라고요. 우리는 에밀리 카 호텔에 묵었고,

또 에밀리 카 무슨 무슨 곳에도 갔고요.

매딘

제 여동생이 사는 동네 이름이 '에밀리 카 드라이브'예요.

라이카트

공항에서 여권 심사관이 우리에게 "무슨 일로 오셨나요?"라고

묻길래, 우리가 "에밀리 카라는 화가를 조사하러 왔어요"라고 했더니

"아, 네. 학교에서 배웠어요"라고 하더라고요. 그때 우리는 큰일

났다는 걸 알았죠. 그가 그렇게 유명할 줄은 몰랐거든요. 결국 《쇼잉

업》 시나리오를 쓸 때는 신시아 라티의 조각을 염두에 두고 작성하게

됐어요.

매딘

시간이 거의 다 된 것 같네요. 짐 브로드벤트의 조각품에 관해서는

이야기할 기회가 없었는데, 정말 놀라워요.

라이카트

정말 멋지지 않은가요?

매딘

네, 잠깐 이야기해 보죠.

라이카트

《퍼스트 카우》 이전에 저는 영국에 있었는데, 제 작가 친구 패트릭 드위트와 함께 영화를 만들려고 했어요. 원래 브로드벤트가 영화에 출연할 예정이었어요. 꿈이 이루어질 뻔했지만 결국 성사하지 못했죠. 예산이 제가 확보할 수 있는 범위를 넘어섰거든요. 하지만 한 번 만날 기회가 있었고, 그가 작업 중인 조각품들을 보여주었어요. 최근에는 갑자기 연락이 와서 링크를 보내주더라고요. 작품이 정말 많고 정말 훌륭했어요.

매딘

그의 작품들은 한눈에 봐도 그의 것이란 걸 알 수 있어요. 마치 자기의 연장 같달까요.

라이카트

정말 그렇죠. 옷이 걸린 방식이나 자세도 그렇고, 《역사의 감각_{A Sense of History}》(1992)이 떠오르기도 하고요. 정말 놀라운 영화죠.

매딘

그 작품은 온라인에 있어요. 모두 《역사의 감각》을 봐야 해요. 마이크 리가 감독이지만 브로드벤트가 글을 쓰고 출연했어요. 영화에서 그는 마치 자신의 조각품 같은 모습이에요. 볼에서 나오는 그 얼굴 털, 처음엔 그게 털이 아니라 VHS 결함인가 생각했는데 아니더라고요. 영화를 중반까지 보고 깨달았어요. 전형적인 영국 귀족의 털이죠. 정말 웃겨요. 아마 모두에게 《역사의 감각》뿐만 아니라 쿠차의 《벗고 있을 때 안아줘요_{Hold Me While I'm Naked}》(1966)도 다시 보라는 말씀을 드리고 싶네요. 이 작품도 창작에 관한 훌륭한 영화 중 하나니까요.

라이카트

창작에 관해 알고 싶다면 《벗고 있을 때 안아줘요》와 《뒤죽박죽》을 같이 보면 좋겠네요.

매딘

이 이타적인 추천으로 대화를 마무리합시다.

A Need to Focus:
Guy Maddin Interviews Kelly Reichardt
About Showing Up
March 16, 2023
Filmmaker

"철저한 계획에도 불구하고, 세상은 늘 계획을 방해하죠"

요르고스 란티모스와 《마스터마인드》에 관한 대화

스콧 맥컬레이

2025.09.15

1972년, 한 도둑과 공범 두 명이 매사추세츠에 있는 우스터 미술관에서 고갱 두 점, 피카소 한 점, 렘브란트 한 점을 훔쳤다. 당시 이 사건은 미국 역사상 가장 큰 미술품 절도(그리고 최초의 무장 미술품 절도)였으며, 범인 플로리안 먼데이(Florian Monday)가 범죄를 자랑스럽게 떠벌리다 금방 체포되지만 않았더라면 전설적인 범죄자로 남았을지도 모를 일이다. 켈리 라이카트는 감독 요르고스 란티모스와 나눈 대화에서 수년에 걸쳐 '미술 절도' 관련 파일을 모아왔다고 밝히며, 우스터 사건 50주년을 다룬 한 기사가 자신의 최신작 《마스터마인드》의 영감이 되었다고 말한다. 조쉬 오코너는 '제임스 무니'를 연기한다. 그는 건축가가 되길 꿈꾸지만, 번번이 실패하는 인물로, 좀도둑이자 서툰 아버지다. 한 대학 교수를 통해 알게 된 어느 미국 작가의 작품을 지역 미술관에서 훔치고픈 욕망을 품는다. 그 범죄는 돈 때문만은 아니다. 미술관에는 훨씬 더 값비싼 작품이 많았기 때문이다. 그러나 무니는 그 작품들에 설명하기 어려운 매혹을 느끼고 잠재 의식적 층위에서 작품과 연결되어 있다고 여긴다. 작품의 소박함은 그의 자아상과 맞닿아 있으며, 어쩌면 일상에서 숭고함이 존재한다는 그의 생각과도 관련이 있는지 모른다.

라이카트는 《마스터마인드》의 각본을 쓰면서 도난당한 작품의 주인을 미국 화가 아서 도브로 설정했다. "일종의 플레이스홀더* 같은 느낌이었어요." 그는 칸 영화제에서 이렇게 말했다. "그의 작품은 1970년 당시에는 너무 알려지지 않았고, 크기도 꽤 작았죠." 그는 이어서 말했다. "하지만 저는 그의 작품을 사랑해요. 아서 도브는 미국 풍경 화가였고, 어쩌면 최초의 미국 모더니스트였을지도 몰라요. 동시에 그의 그림은 규모가 작아서 영화 속 소규모 지방 미술관에도, 영화의 규모에도, 그리고 무니의 소박한 야망에도 딱 맞았죠. 그리고 그의 색채가 결과적으로 우리 영화와 아주 잘 어울렸어요."

프랜신 프로즈는 1998년 월스트리트 저널에 아서 도브에 관한 찬사를 담은 글을 썼다. 프로즈는 "그의 많은 예술적 선택은 재룟값에 의해 좌우되었다"라고 명시하며, 그의 작품에는 "언어를 우회하고 전복하며 앞질러 버리는 직접성이 담겨 있다"라고 말했다. 이 설명은

---

* 내용이 들어갈 자리를 빈칸 대신 임시로 채워놓는 이미지 또는 기호.

라이카트의 작업에도 그대로 적용된다.《믹의 지름길》에서 웨스턴 장르를,《쇼잉 업》에서 예술가의 작업 과정을 다룬 영화를,《올드 조이》에서 버디 무비를 전복해 왔던 라이카트는 이번에도 하이스트 무비 장르를 익숙한 리듬과 정형화된 요소들로부터 벗겨내어 미국 역사를 더 깊게 반영하고 이와 공명하도록 만든다. 아이러니하게도 영화는 제임스 무니가 결코 '마스터마인드(범죄의 배후)'가 될 깜냥이 아님을 분명히 밝히며 시작한다. 라이카트는 베트남 전쟁에 맞선 시위가 거리를 가득 메우던 시대의 사회적 맥락과 무니의 어설픈 도주를 대조한다(이 영화는 코미디 영화이기도 하다). 무니는 영웅도 악당도 아니지만 영화는 결국 우리에게 묻는다. 진짜 범죄는 과연 어디에 있는가?

　　무니 역할을 맡은 오코너는 풀이 죽은 듯한 카리스마를 보여준다. 그의 고조되는 절망감은 라이카트 특유의 독특한 리듬과 완벽하게 맞아떨어진다. 훌륭한 조연으로 알라나 하임, 호프 데이비스, 빌 캠프가 있으며, 그의 단골 촬영감독과 프로덕션 디자이너인 크리스 블로펠트와 토니 가스파로도 훌륭한 작품으로 복귀했다. 우리는 란티모스가 자신의 신작 영화 《부고니아_{Bugonia}》(2025)의 베니스 영화제 프리미어를 불과 2주 앞두고 라이카트와 인터뷰해 준 것에 감사를 전한다.《부고니아》는 이 음모론에 사로잡힌 시대를 날카롭고 유머러스하게 진단한 작품으로, 엠마 스톤과 제시 플레먼스의 뛰어난 연기를 담고 있다. 《부고니아》는 이번 가을 포커스 픽처스를 통해 개봉하며, 《마스터마인드》 배급은 MUBI가 맡았다.

· ·

라이카트

화상 미팅 때문에 머리 자른 건가요? 깔끔해 보여요.

란티모스

아니요. 사실 엠마가 영화 때문에 머리를 밀어서 저도 따라서 밀었습니다.

라이카트

엠마에게 어떻게 삭발 이야기를 꺼냈나요?

란티모스

글쎄요, 그냥 대본에 나와 있었습니다.

라이카트

그래도 미리 준비시키진 않으셨죠?

란티모스

아니요, 그냥 대본을 보냈습니다. 엠마는 그 대본을 좋아했어요.
실제로 논의할 때도 삭발에 관해 따로 이야기하지 않았습니다. 그는
그냥 하기로 했거든요. 나중에 약간 주저하긴 하면서, "감독님, 그거
아세요? 진짜 잘 만든 삭발 분장 캡이 있대요"라고 하더군요. 저는
"가발은 사용하지 않을 거예요"라고 말했습니다. 엠마는 삭발한
모습을 좋아했고, 정말 잘 어울렸어요. 저도 함께 그 삭발 상태를
유지했죠.

라이카트

그럼 우리가 여전히 겪고 있는 주제들에 관해 이야기할 준비가 된
거군요?

란티모스

준비된 것 같네요. 준비해 왔기도 하고요. 사실 제대로 쉬려고
했지만 실패했습니다. 저희는 아직 영화 마무리 중이에요. 몇 주 뒤
베니스에서 상영될 예정이죠. 오늘에서야 최종 DCP를 제작하고

있습니다. 정말 어떤 이야기를 하러 나가든 이상한 세상이네요.

라이카트

제 생각엔 당신이 미국에 살고 있지 않아서 몇몇 주제와는 좀 거리가
있지 않을까 싶어요.

란티모스

그래도 지금은 그리스 상황도 비슷한 편입니다. 저는 적어도 한
시까지는 신문을 보지 않습니다. 하루 종일 제 삶을 잠식하게 두고
싶지 않거든요.

라이카트

그런데 그리스도 미국만큼 음모론이 만연한가요?

란티모스

완전히 똑같진 않지만, 전 세계적으로 비슷한 일이 너무 많아요.
난민이나 이민자 문제 같은 건 어디서나 벌어지고 있잖아요.
사람들이 기술에 너무 의존하다 보니 시야가 좁아진 상태로 우물
안에서만 세상을 보는 경우가 많아요. 이건 전 세계 어딜 가나
마찬가지죠. 유럽 곳곳에서 극우 세력이 늘어나는 것도 보이고,

가자지구에서 일어나는 일들은 말할 것도 없죠.

라이카트

맞아요, 워싱턴 D.C. 경찰은 여전히 장악당한 상태고**, 오늘은 노숙자 단속이 크게 있었잖아요. 당신 영화는 그런 현실로부터 도피처를 제공하는 건 아니네요.

란티모스

사실 그렇진 않죠. 그럼, 이제 당신 영화 이야기를 해볼까요? 당신은 작업 욕구가 강하잖아요. 한 편 끝나자마자 바로 다음 걸 시작하지 않으면 이상하게 느낀다고 말씀하신 게 기억나요.

라이카트

저는 다음 프로젝트를 미리 계획해 두지 않아요. 한 번에 한 가지만 집중할 수 있거든요. 대신 다음에 뭘 할지 찾아내는 모드로 들어가죠. 프로젝트가 없을 때면 "아, 병원 예약 좀 잡아야겠다" 하고 그걸 하루의 중심으로 만들어요. 강아지 산책도 해야 하죠. 그게 하루 중

좋은 시간이에요. 그런데 예를 들어, 제가 어제 시내 건너편에 약속이 있었어요. 굉장히 긴장되는 약속이었는데 가는 길에 고속도로에서 차가 고장 나버린 거예요. 그래서 오늘, 이 인터뷰 끝나고 그걸 처리하러 가야 해요. 프로젝트가 있으면 일상의 잡일을 신경 쓰지 않게 되거든요. 영화 만들 때 저는 우편물도 안 열어봐요. 한 가지에 완전히 몰두해서 다른 것들을 차단하는 걸 좋아해요. 일어나서 뭔가 작업할 게 있다는 게 좋아요.

란티모스

다음 프로젝트를 찾는 동안 세상에서 벌어지는 일들이 당신의 관심에 영향을 주나요?

라이카트

요즘은 저랑 존 레이먼드 둘 다 벤저민 프랭클린 자서전을 읽고 있어요. 그가 실제로 어떤 사람이었는지가 사실 꽤 흥미로워요. 저희는 특히 혁명 직전인 1773년과 1774년에 집중하고 있어요. 오늘날 지금 이 순간을 이해하려고요. 존이랑 저는 정말 흥미로워서 헤어 나오지 못하고 있어요. 미국의 원래 아이디어는 무엇이었으며, 언제부터 이렇게 군사적인 국가가 되었을까요? 처음부터였을까? 프랭클린은 인쇄기를 갖고 있었어요, 그걸로 돈을 찍었고, 유일한 신문도 그의 소유여서 영향력이 엄청났죠. 그래서 그가 아이디어를 냅니다. "돈을 더 찍자!" 그러면 하원이 통과시키고, 그 다음엔 정부가 돈을 찍으라고 그를 고용해요. 정말 미친 일이죠.

란티모스

《마스터마인드》는 어떻게 시작하게 되었나요? 첫 작품 이후 처음으로 혼자 쓴 작품이죠?

라이카트

네, 오래된 이야기예요. 저는 항상 작은 '예술 도난' 폴더를 가지고 있어요. 그 안에 들어있는 10대 절도범에 관한 기사를 읽었죠. 그들이 휘말린 도난 사건 50주년 기념 기사였는데요. 매사추세츠 우스터 박물관에서 일어난 도난 사건이었어요. 범인 중 한 명은 플로리안 먼데이라는 사람인데, 나중에 그는 음악가가 돼서 45인치 레코드로 음반도 냈더라고요, 일종의 로카빌리 가수로요. 그게 아이디어의 출발점이었어요. 원래 대본에서는 몇 명의 10대 소녀들이 등장하는 포인트도 있었지만, 그 부분은 영화에 남아 있지 않아요.

그 시절에는 보안이 거의 없어서 예술품 도난 사건이 정말 많았어요. 1990년 이사벨라 스튜어트 가드너 미술관 사건 이후에야 박물관들이 보안에 진지하게 신경 쓰기 시작했죠. 원형 진입로로, 그리고 원형 진입로에서 자동차들이 움직이는 방식을 상상하는 게 작품을 크게 발전시킨 포인트였어요. 1990년 이후 박물관들은 원형 진입로를 없앴고, 지금은 입구에 원형 진입로가 있는 박물관 찾기가 정말 어려워요. 하지만 제 머릿속에서 그 원형 구조는 큰 아이디어였어요. 영화 전체에 이런 원형 구조가 있다는 것이 영화의 출발점이었죠.

그다음엔 예술 작품을 생각해야 했어요. 워싱턴 D.C. 필립스 컬렉션에서 일하는 친구가 한 명 있었거든요. 던컨 필립스는 아서 도브의 대단한 수집가였고, 저는 도브의 그림을 정말 좋아해요. 처음엔 '영화에 어떻게 예술 작품을 쓸 수 있을까?' 하고 고민했죠. 그래서 필립스 친구와 이야기하기 시작했어요. 지금은 가치가 상당하지만, 1970년에는 도브 작품이 주목받지 못했어요. 그런데 최근에 한 작품이 경매에 나왔는데, 가격이 그야말로 천정부지더군요.

란티모스
당신 영화 때문에 그런 거 아닐까요?

라이카트

하하, 그런가 봐요. 하지만 제 이야기 속 도둑은 박물관에서 무엇을
가져갈지 결정할 때 사실은 오래 생각하고 있었다는 걸 알 수 있어요.
그런데 우리가 박물관에서 촬영하던 날, 제가 가르치는 어떤 바드
칼리지 학생이 건물 안에 들어가 동판화 두 점을 훔쳐서 숲으로
달아났어요. 그리고 그의 체온 감지 드론에 의해 발견됐죠. 혹시
당신도 아이디어 폴더가 있나요?

란티모스

뭐 비슷한 건 있어요. 지금 꽤 여러 프로젝트를 동시에 개발하고
있고, 이미 몇 개는 각본을 쓰는 중이에요. 저는 항상 새로운
사람들과 함께 일하면서 전에 했던 것과 다른 걸 만들려고 해요.
토니 맥나마라와는 몇 편을 같이 썼고요. 《부고니아》는 누군가 제게
전달해 준 각본을 보고 처음으로 흥미를 느꼈던 작품이에요. 그래서
원래 대본을 쓴 윌 트레이시와 함께 제 감각에 더 맞도록 몇 번 손을
보았죠. 제가 최근에 연달아 영화를 만들게 된 이유가 바로 이거예요.
이미 준비된 프로젝트들이 있었고, 대본이 완성되었다 싶으면 "아,
이제 이거 찍어야겠다. 장소부터 찾자" 이렇게 바로 움직였죠.

우리는 《가여운 것들_Poor Things_》(2023)의 VFX가 진행되는 동안 《카인즈

오브 카인드니스_Kinds of Kindness_》(2024)를 촬영했어요. 저는 "VFX 기다리면서 가만히 있을 순 없다. 그냥 이 영화 찍자"라고 했죠. 그런데 그렇게 하면 지옥이 시작돼요. 갑자기 《가여운 것들》 홍보를 다녀야 하고, 동시에 다른 영화 편집도 하고… 칸 영화제도 가야 하고, 다음 작품 준비도 해야 하고. 좀 벅찬 일이죠.

라이카트

당신도 파스빈더의 최후가 어땠는지 알고 있죠? 그 사람도 그렇게 일만 하다 죽었잖아요.

란티모스

저는 지금 심각하게 당장 휴식이 필요한 상태예요. 《부고니아》가 공개된 후에 저는 몇 년간은 제작에 참여하지 않고 적절한 휴식을 취하길 바라고 있어요. 음, 한 반년 정도는 손 떼고 있을 수 있겠죠. 저는 사진 작업도 정말 많이 해왔거든요. 암실도 지었어요. 저는 영화보다 단순한 일에 시간을 보내며 몰두하는 걸 좋아해요.

라이카트

당신은 항상 같은 편집자와 작업하나요?

란티모스

네. 그리고 당신은 항상 직접 편집하죠?

라이카트

맞아요. 그 편집자와 함께 일한 지 얼마나 됐어요?

란티모스

처음부터 항상 같이했어요. 그 편집자는 광고 촬영을 통해 알게 된 사람이에요. 제가 처음 영상을 배우고 발을 들였던 게 광고였기 때문이죠. 왜냐하면 그리스에는, 지금은 대학교 안에 좋은 영화 학교가 있긴 하지만, 제가 영화를 시작하려 했을 땐 그리스에서 젊은 사람이 영화 제작에 관심을 가지는 건 평범한 일이 아니었거든요. 그리스에서 영화감독은 테오 앙겔로풀로스 한 명뿐이고, 산업 바깥에서 생계를 유지하지 못하는 방식으로 활동하는 감독이 한 두세 사람 있을 뿐이었죠. 그래서 저는 영상학교에 가서 광고 현장을 많이 다녔어요. 그렇게 기술적인 측면을 익혔죠.

라이카트

그때가 몇 년도쯤이에요?

란티모스

1993년인가 그랬어요. 그래서 그때 편집감독 요르고스 마브로프사리디스를 만나게 되었고, 제 첫 번째 (단독) 장편 연출작인 《키네타Kinetta》(2005)를 함께 편집했죠. 2005년 그리스에는 비록 영화산업도 없고, 젊은 영화인을 위한 지원금도 없었지만, 우리끼리 작은 영화를 만들고 직접 비용을 충당하기로 했어요. 우리가 광고 작업을 해주던 제작사들이 장비를 빌려주며 많이 도와줬고요.

제 초기작 세 편—《키네타》, 《송곳니Dogtooth》(2009), 《알프스Alps》(2011)는 모두 스태프들이 거의 무급으로 참여했고, 필요한 최소 비용만 저희가 직접 부담하며 찍은 작품들이었어요. 비용도 25만 유로 정도였고요. 그래서 저는 결국 런던으로 옮겨 영어권 영화를 만들기 시작했어요. 사람들에게 정당한 대가를 지급해야지, 계속해서 호의만 부탁할 수는 없었으니까요. 그 이후로 계속 마브로프사리디스와 함께 작업해 왔고, 그는 제 커리어 전체에서 거의 유일하게 꾸준히 함께 일해온 협업자예요.

라이카트

작품에 따라서 더 잘 맞는 사람이 있고, 그랬나 보군요?

란티모스

맞는 거 같아요. 근데 저는 늘 특정 작품에 대한 적합성보다 그
사람이 가진 캐릭터, 협업, 정신력을 더 중요하게 평가해 왔어요.
물론 작품에 맞는지도 어느 정도는 고려하죠. 하지만 예를 들어 제
조연출 헤일리 윌리엄스는 제가 최근 세 작품에서 함께한 사람인데,
《가여운 것들》이 그가 처음으로 맡은 대형 프로젝트였어요.
그때도 사람들이 "그 규모의 영화는 해본 적도 없는 사람인데
괜찮겠냐?"라고 했죠. 근데 저는 "헤일리를 믿어보자. 열정도 있고,
진심으로 잘하고 싶어 하고, 똑똑하고, 광고에서도 함께 일 해봐서
능력도 아니까"라고 생각했죠. 그럼 왜 못 하겠어요? 로비 라이언도
마찬가지예요. 스튜디오 대형 세트에서 그렇게 큰 규모의 조명을
다뤄본 건 처음이었죠. 물론 누군가는 "그런 스타일의 영화를 더
잘할 만한 촬영감독이 있다"라고 말할 수도 있어요. 근데 저는
진짜로 연결고리가 느껴지고, 이 사람이 작품 자체를 위해 헌신하는
타입이라면 경험이 조금 부족하더라도 그 사람과 가는 게 더 좋아요.
반대로 아무리 경험 많고 뛰어난 사람이어도 자기 커리어만 더
중요하게 생각하고 영화 자체엔 별 관심 없는 경우도 있었거든요.
저는 결국 서로 제대로 소통이 되고, 분위기와 감각이 맞는 사람이 더
중요하다고 생각해요.

라이카트

그게 정말 전부죠, 저도 동의해요. 방금 스튜디오 촬영
애기하셨는데요. 《가여운 것들》은 스튜디오 촬영이 어느
정도였어요? 대부분 스튜디오에서 찍은 거 맞죠?

란티모스

호숫가 숲 장면 하나 빼고는요. 스튜디오에 호수를 따로 지을 여유는
없어서요. 그거 말고는 전부 스튜디오에서 찍었어요.

라이카트

신작은요?

란티모스

엔딩 일부만 스튜디오에서 찍었어요. 모두 로케이션이긴 한데
저희가 직접 지었어요. 많은 장면이 집의 지하에서 벌어지는데,
자연광과 모든 요소를 활용할 수 있도록 그 집을 우리가 원하는
장소에 직접 지어서 로케이션처럼 활용했죠. 나머지 부분은 실제
장소에서 촬영했고, 일부는 애틀랜타에서 찍었습니다.

라이카트

애틀랜타는 야외 촬영하기 좋은 곳인가요?

란티모스

그쪽에서 정말 많은 영화가 만들어지고 있습니다. 미국에서 촬영되는 작품 비율이 가장 높은 도시라고 알고 있어서, 훌륭한 스태프들이 많이 있죠. 당신은 신시내티에서 촬영하셨죠? 저는 《킬링 디어_The Killing of a Sacred Deer_》(2017)를 그곳에서 촬영했습니다.

라이카트

맞아요. 신시내티에서 작업하는 건 정말 좋았죠.

란티모스

네, 정말 흥미로운 곳이에요.

라이카트

정말 작은 도시였지만 우리 스태프들과 함께 일하기에 무척 좋았어요. 파업 여파로 일을 못 하고 있던 사람들이 많았기 때문에 일을 할 수 있어서 모두 정말 기뻐했죠.《쇼잉 업》때 아주 작은 욕실 세트를 만든 적 있긴 하지만, 오래된 창고 안에 지은 박물관은 제가 처음으로 제대로 만든 세트였어요. 허름하고 작은 창고에 무에서 유를 창조하는 과정을 지켜보는 것, 미술팀이 자기들 작업을 하고, 그림들이 만들어지고, 그걸 보는 게 정말 재미있었어요.

란티모스

그 안에서 촬영하는 건 즐거우셨나요? 앞으로도 그런 세트 작업을 더 하고 싶다고 느끼셨나요?

라이카트

정말 독특한 공간이었어요. 단점이라면, 촬영을 시작하기 전날 밤까지 모두가 그 공간에서 작업을 하고 있어서 제가 그 공간을 혼자 써보거나 촬영감독 크리스 블로벨트와 함께 어떤 작업을 할지 고민해 볼 시간이 전혀 없었다는 거예요. 그 공간에서는 제가 가장 많은 통제권을 가질 거라고 생각했는데, 오히려 연습할 기회가 적었어요. 로케이션은 "자, 이 중에 고르세요" 이런 느낌이잖아요. 저는 그런 데 익숙해요. "이게 당신이 쓸 수 있는 공간입니다." 그런데 세트를 짓게 되면 "오, 이 벽은 움직일 수 있어요. 잠깐만요, 제가 선택할 수 있는 게 더 있나요?" 이런 식이 되는 거죠. 《쇼잉 업》에서는 학교 세트를 짓진 않았지만, 매일 그 공간을 지나가면서 박물관처럼 모든 예술 작품이 만들어지는 과정을 볼 수 있었어요.

큰 프로젝트 안에 또 다른 작은 프로젝트가 따로 존재하는데, 모든
사람이 거기에 참여해서 각자의 역할을 하고, 그게 매일 성장하는
거예요. 정말 흥미롭죠. 하지만 저는 매일 스튜디오로 출근하는 게
어떤 느낌일지는 상상이 잘 안돼요. 모든 것을 완전히 통제할 수 있는
거잖아요?

란티모스

음, 어느 정도는 그렇죠. 예를 들어 《가여운 것들》은 세트가 워낙
거대해서 조명만 해도 정말 큰 도전이었어요. 그리고 스튜디오에서
엑스트라들을 어떻게 활용할 것인가도 문제였죠. 로케이션은 실제
공간이기 때문에 훨씬 더 관대합니다. 그날그날 공간이 내어주는
무언가가 있고, 전혀 예상하지 못했던 놀라운 것들이 그 공간에
들어가는 순간 스스로 드러나기도 하니까요. 스튜디오는 날씨를
포함한 모든 것을 직접 만들어내야 합니다. 그래서 저는 로케이션
촬영을 더 좋아합니다. 좋은 것이든 나쁜 것이든, 그 공간이 주는
'예상 밖의 것들'을 훨씬 더 즐기거든요.

박물관 세트에서 충분히 연습할 시간이 없었다고 언급하셨는데요.
그렇다면 영화를 집필하실 때 이미 어떤 식으로든, 시각적으로
떠올리며 쓰시는 건가요?

라이카트

그럼요. 저는 주로 각 부서 장들을 위한 책자를 만들어요. 그리고
많은 작품을 함께 했던 조감독 크리스 캐럴이 일별 계획을 세워서
지도처럼 보여주죠. 《마스터마인드》는 훨씬 훌륭한, 최고의 촬영
경험이었어요. 금전적으로 약간의 여유가 있었고, 덕분에 확실히
차이를 만들어낼 수 있었어요. 하지만 전체 촬영일 수는 똑같았죠.
저는 숏 리스트를 공유하는 걸 좋아하지 않아요. 크리스 블로벨트가
카메라 팀과 공유하며 어떤 장비가 필요할지 점검하는 데는 도움이
되죠, 하지만 제 하루가 그 리스트에 얽매이는 건 원치 않아요.
그래서 보통 저는 공간에 가서 프로덕션 디자이너 토니 가스파로와
함께 시간을 보냅니다. 그다음 크리스 블로벨트와 함께 숏을
검토하며 빈틈을 채우고, 크리스 캐럴이 오면 그와 다시 검토하며
일정을 잡습니다. 그래서 촬영 시점에는 그 리스트나 자료를 보거나
생각하고 싶지 않아요. 이미 그 내용은 다 알고 있으니까요. 배우들과
함께 공간을 느끼고 싶을 뿐이에요. 그리고 상황에 따라 즉흥적으로
변경할 수 있죠. 이게 가장 이상적인 촬영의 세계죠.

란티모스

숏 리스트를 먼저 직접 만든 다음 촬영감독과 공유하는 건가요?
아니면 처음부터 다 같이 그 '책자'를 만드나요?

라이카트

때에 따라 달라요. 포틀랜드에서 촬영할 때는 제가 먼저 그 장소에
가서 혼자 많은 시간을 보내고 계획을 세운 후 촬영감독이 오면 함께
검토하면서 바꾸기도 합니다. 하지만 이번 경우에는 장소를 함께
찾는 경우가 훨씬 많았어요. 제가 작업하고 싶은 핵심 아이디어는
있지만, 모든 숏을 정해두진 않았습니다. 그래서 촬영감독과
저는 주말을 그 공간에서 보내요. 크리스는 공간에 그냥 앉아
있고, 자기 컴퓨터로 팀과 함께 작업을 하죠. 저는 뷰파인더를
들고 돌아다니면서 공간을 느껴요. 크리스는 그냥 저에게 공간을
맡깁니다. 가끔 제가 잘못된 쪽에 서 있으면 고갯짓으로 알려주기도
하고요. 제가 준비되면 그와 함께 검토하는데, 이야기하면서
자연스럽게 발전하게 됩니다. 하지만 제 경험상 이렇게 제게 공간을
맡기는 촬영감독을 만나기란 쉽지 않아요. 그건 제가 꿈꿀 수 있는
이상적인 협업이에요. 그는 모든 것을 더 좋게 만들 뿐, 자기만의
신조를 따로 주장하지 않거든요.

란티모스

제 촬영감독 로비도 마찬가지예요.

라이카트

크리스 블로벨트와 크리스 캐럴이 제작진에게 정말 많은 에너지를
불어넣어 줘요. 저희 셋은 정말 좋은 팀으로 쭉 활동하고 있죠.
모든 영화를 함께 만든 프로듀서 닐 코프와 아니쉬 사브나이도
마찬가지고요. 이 프로듀서들은 트럭에 있는 조명 하나까지도 다
이해하는 사람들이에요. 다들 제작 조연출로 시작했기 때문에
어떻게 제작진을 행복하게 만드는지 알고 있죠. 이 핵심 그룹과
함께하는 건 삶 전체에서도 기쁜 일이에요.

란티모스

당신이 그렇게 정교하고 경제적인 영화를 만드는 비결은
무엇인가요? 직접 편집하는 게 도움이 되나요? 당신은 촬영하면서
동시에 편집도 생각하나요?

라이카트

우리는 항상 편집에 관해 이야기하고 있어요. 그렇다고 해서 반드시
그 지점에서 자를 거라는 뜻은 아니지만요. 경제성은 영화가
정교해지는 데 큰 영향을 줍니다. 우리는 빠르게 움직여야 하죠.
저는 그냥 아무 장면이나 대충 찍고 싶지 않아요. 숏들이 서로
맞물리고 서로에게 말을 건네는 것처럼, 하나의 지속적인 시각적

대화를 이루길 바랍니다. 어떤 사람들은 "규칙 같은 건 없어"라고 하죠. 하지만 저는 스스로에게 한계를 만들어주는 규칙 중심적인 사람이에요. 전체적인 숏들을 위해 몇 가지 규칙을 미리 설정해 두곤 합니다.

저는 이 원형 주차장 안에서 자동차들을 어떻게 배치할지에 대해 전체적인 디자인을 꽤 깊게 고민했어요. 그런데 막상 촬영 당일 가서 보니, 무엇보다도 저희가 섭외한 차들이 불이 날 수도 있겠더라고요. 50년 된 차들이라 그냥 굴러가기만 해도 기적이었죠. 그중 두 대는 강에서 끌어올린 차라서 달리기는커녕 앞으로 움직이는 것조차 힘들었어요.

런던에 있는 한 조사원이 콜럼버스에 있는 I.M. 페이가 설계한 도서관을 찾아냈는데, 거기에는 원형 진입로가 있었어요. 작은 도시의 박물관으로 쓰기에 건물의 규모도 딱 맞았고 모든 것이 완벽했죠. 그런데 답사를 갔더니 그곳은 오하이오주의 콜럼버스가 아니라 인디애나주의 콜럼버스였던 거예요. 저희가 세제 혜택을 받을 수 없는 곳이었죠.

거기 갈 때마다 인센티브도 못 받고, 게다가 이동 자체가 너무 오래 걸렸어요. 촬영 일정을 잡아도 하루 절반이 이동으로 사라졌죠. 세금 혜택이 없는 주(州)를 잘못 고른 탓에 그 근처에 숙소를 잡을 수도 없었고…. 기타 등등 문제가 많았어요. 그래서 결국 그 장소에서 촬영할 수 있는 시간이 딱 10분 정도밖에 없었죠. 제가 세워둔 자동차 동선 전체 계획이 무너져버린 거예요.

크리스 블로벨트와 저는 차고에서 자동차들과 함께 구도를 맞춰보는 정도는 할 수 있었지만, 실제 촬영 장소에서는 차들이 움직이는 모습을 한 번도 테스트할 수 없었어요. 그런데 촬영 당일에는 제작진도 다 오고, 배우들도 오고, 우리는 그 장면을 찍어야 하는 상황이잖아요. 가장 많이 계획하고 가장 명확히 시각화해 두었던 장면이었는데, 막상 촬영하는 순간에는 전혀 계획대로 흘러가지 않는 거예요. 갑자기 처음 영화를 찍어 보는 20살로 돌아간 것처럼, 그냥 되는 대로 장면을 잡아야 하는 상황이 된 거죠.

그래도 경험이 있다는 게 도움이 돼요. 직접 편집하는 것이 촬영을 생각하는 데도 큰 도움이 된다고 생각해요. 촬영은 편집을 생각하게 만들죠. 저는 가능한 한 많은 것을 알고 있는 채로 촬영을 시작하고 싶어요. 제가 가장 못하는 건 스태프들이 기다리는데 즉석에서 장면을 고안해 내는 거예요. 모두의 시선이 제게 쏠려 있는 그 순간이 정말 힘들어요.

철저한 계획에도 불구하고, 세상은 늘 계획을 방해하죠. 저는
배우들을 모두 모아놓고 리허설을 하지 않기 때문에 연기가 어떻게
나올지 미리 알 수가 없어요. 그리고 어떤 때는 최고의 순간이
점심시간에 나오기도 해요. 모두 흩어져 쉬고 있을 때, 이미 그
공간을 한 번 경험한 덕분에 오후 촬영을 더 나은 시간으로 만들 수
있죠. 그게 제가 가장 좋아하는 시간이에요.

란티모스

그러면 배우들과 사전에 함께할 시간이 없으면 어떻게
작업하시나요? 저는 항상 배우들과 며칠이라도 리허설을 하려고
합니다. 그게 '어떻게 연기할 것인가'를 미리 보려는 목적은 아닙니다.
배우들 사이에 일종의 케미를 만들고 서로 편안함을 느끼게 해주는
데 목적이 있습니다. 특히 서로 처음 만나는 배우들을 위해서요.
"당신의 퍼포먼스를 어디 한번 보자" 이런 건 아닙니다.

라이카트

재밌네요. 당신도 정말 아무것도 없던 시절에 생긴 습관을 아직
갖고 있지 않나요? 이를테면, 미셸 윌리엄스가 촬영 전날 밤에

도착하면 저는 다음 날 아침에 그의 의상을 구해와서 바로 촬영에 들어가는 거죠. 제가 가진 예산으로는 원하는 배우들을 촬영 전에 오래 붙들어둘 수 없었어요. 이번 영화에서는 조쉬 오코너와 촬영 전에 줌(Zoom)으로 이야기 나누고, 이메일로 대화하고, 참고 자료도 보내고, 뉴욕에서 저녁 식사도 함께했어요. 이런 식의 만남은 있죠. 하지만 보통은 의상실에서 처음으로 배우들과 함께 시간을 보내요. 저는 하루 종일 의상실에 앉아 있고, 배우들은 이것저것 입어보고, 그때 처음으로 대화를 나누기 시작하죠. 그다음 저는 배우들을 따라 분장실로 이동해요. 그러고 나서 바로 전장에 투입되는 셈이죠.

알라나 하임과 조쉬는 촬영 전 LA에서 만나 잠깐 햄버거라도 먹으면서 함께 시간을 보냈어요. 하지만 영화 속 아이들이 초반에 좀 어려워했죠. 그래도 시간이 지나면서 그 아이들은 조쉬와 알라나를 엄청나게 좋아하게 되었어요. 촬영 전 함께 팬케이크를 먹으러 간다든지, 여러 방법으로 함께 시간을 보냈죠. 많은 배우는 혼자서 준비해요. 아무도 촬영 전에 대사를 실제처럼 말해보거나 직접 연기를 하지 않아요. 거의 촬영에 들어가야 비로소 연기가 시작되고, 그때부터 조정해 나가는 거죠. 제 머릿속에 있던 목소리와 배우들의 실제 목소리를 조율하는 건 아주 오래 걸리는 작업이죠. 사람들의 말투도 그렇고, 목소리의 톤도 그렇고, 직접 보게 될 때까지는 알 수가 없거든요. 물론 그게 아주 흥미로운 순간이 되길 바라죠. 그렇다고 운에 맡기는 건 아니에요, 정말 훌륭한 배우들이니까요. 가비 호프먼과 마지막 날 무거운 장면을 촬영했는데, 가비는 그날 막 도착했음에도 정말 뛰어난 연기를 보여줬어요. 예전에는 이런 방식 때문에 우왕좌왕하기도 했지만, 이번 작품에서는 그렇지 않았어요.

란티모스

즉석에서 나오는 배우의 연기를 보고 우왕좌왕할 때, 당신은 이를 수정하려 노력하나요? 아니면 받아들이려 노력하나요?

라이카트

둘 다예요.

란티모스

수정은 어떻게 해요?

라이카트

배우에 따라 달라져요, 배우들은 각자의 어떤 범위 안에서 작업을 하고, 그 범위는 시간이 지날수록 확장되기도 합니다. 저는 미셸과 워낙 오래 작업해 와서 이제는 그냥 맡겨버립니다. 미셸은 계속해서 확장되는 사람이니까요. 하지만 촬영 현장에서 당신을 편안하게 만드는 것들이 편집실에서는 최선이 아닐 때도 있어요. 예를 들어, "아, 이 배우는 항상 일관적이라 촬영할 때 안정감을 느껴. 반면 이 배우는 매번 다르게 하네"라고 느낄 수 있어요. 그런데 편집실에 들어가 보면, "세상에, 이 배우의 연기는 정말 선택지가 많네. 근데 이 배우는… 내가 너무 오랫동안 안전한 길만 걷게 한 건 아닐까?"라고 깨닫게 되죠. 그러니까 현장에서 얻는 것이 곧 편집실에서의 최종 감정과 일치하는 건 아니라는 겁니다. 하지만 이번 영화는 편집하는 게 정말 즐거웠어요. 연기가 모두 좋았거든요. 편집실에서는 편집자와 딱 붙어 계세요? 아니면 그에게 자율을 보장하나요?

란티모스

저는 편집자에게 많은 권한을 넘깁니다. 그분과 함께 일할 때 가장 좋은 점이 바로 그거예요. 그분은 누가 자기 어깨 너머로 지켜보는 걸 좋아하지 않습니다. 덕분에 즐기면서 작업에 임하죠.

라이카트

사실 아무도 자기 어깨 너머로 누군가가 지켜보는 걸 원하지 않죠.

란티모스

네, 맞아요. 그래서 그가 자기 방식대로 작업을 하면 나중에 만나서 함께 논의하고 제가 의견을 드리죠. 그러면 그는 다시 일주일 정도 시간을 갖고 작업을 해옵니다. 그리고 다시 돌아오면 또 만나서 이야기를 나누는 식입니다.

라이카트

스튜디오 촬영을 할 때는 다른 방식으로 촬영할 때보다 더 완성된 형태로 영화를 상상해야 하나요?

란티모스

저는 거의 같은 방식으로 작업합니다. 저는 장비나 조명이 주변에 너무 많은 것을 좋아하지 않습니다. 그래서 로케이션에서는 되도록 자연광으로 촬영하려고 하죠. 예를 들어 《가여운 것들》처럼 모든 것이 스튜디오에서 이루어진 경우에도 저희는 최대한 같은 방식을 사용하려 했습니다. 전체 세트를 하나의 장소, 하나의 공간으로 보고 거기에 맞춰 조명을 세팅하는 식이죠. 실내 촬영 때는 실제로 보이는 실내등 같은 실용 조명을 사용했습니다.

말씀하신 것처럼, '카메라를 움직인다', 또는 '카메라를 움직이지 않는다' 같은 규칙들을 세워두면 좋습니다. 그러면 세상 모든 선택지가 주어지는 것보다 훨씬 작업이 수월해지니까요. 물론 일이 잘 안 풀릴 때는 규칙을 살짝 어기기도 하지만, 기본적으로는 일정한 규칙을 지키려고 합니다. 그래야 일관성이 유지되니까요.

그리고 '블랙피시'[***]가—편집감독도 이름이 요르고스라 저희끼리 그렇게 부릅니다—저와 취향이 아주 비슷합니다. 그가 선택하는 연기 테이크는 대부분 제가 선택했을 법한 테이크들이에요. 정말 큰 행운이라고 생각합니다.

라이카트

보통 얼마나 많은 테이크를 가져가나요?

란티모스

매번 달라요. 《부고니아》는 비스타 비전(Vista Vision)으로 촬영했는데, 정말 거대한 카메라라 소음도 엄청났어요. 그것만으로도 카메라 움직임이나 배치에 많은 제약이 생겼죠. 그래서 저는 먼저 배우들과 테스트를 해봤어요. 이 카메라 소음

[***]   요르고스 마브로프사리디스의 별명, 그의 성을 영어로 직역하면 'Black Fish'다.

때문에 연기가 흐트러지진 않을까 해서요. 그런데 오히려 그걸
좋아하더라고요. 침묵이 생길 때 몰입이 흐트러지는 걸 잡아주는
백색소음처럼 느껴졌대요. 그걸 즐겼어요. 물론, 촬영 중간에 필름이
다 떨어지면 배우들도 바로 알아챘죠. 그래서 그게 한두 번 일어난
후에는 제가 "컷"을 말하지 않고, 그냥 끝까지 가보기로 했어요. 그게
여러 면에서 배우들의 연기에 도움이 됐다고 생각해요.

저는 선택지를 늘리기 위해 테이크를 많이 찍는 편은 아니에요. 잘된
테이크는 보면 딱 알아요. 그리고 시간도 충분하지 않다고 느끼죠.
정말 안 풀리는 날, 왜 안 풀리는지 이유도 알 수 없는 날도 있죠. 그럴
때는 다시 해보고, 반복하고, 다른 방식으로도 시도해 보면 뭔가 나올
때가 있어요. 엠마나 제시 같은 훌륭한 배우들과 작업해 보니, 그들의
연기에는 정말 미묘한 차이가 있어요. 촬영할 때는 잘 느끼지 못할
정도로요. 눈앞에서 보고, 작은 모니터로도 보고, 신경 쓸 게 너무
많으니까, 그냥 "음, 똑같군" 정도로만 느끼죠. 그런데 편집실에 가서
보면 그 작은 변화들이 장면의 분위기를 미묘하게 바꿔요. 그걸 다시
발견하는 게 정말 굉장해요. 그리고 때에 따라 훨씬 더 절제된 선택을
할 수도 있고요.

이런 배우들과 작업할 수 있다는 건 정말 축복이에요. 말씀하신

것처럼 리허설도 하지만, 그건 "한 번 놀아보자, 뭐든 해봐, 다른 사람 앞에서 우스꽝스럽게 보여도 부끄러워하지 말고, 재미를 느껴봐" 이런 느낌이에요. 그리고 엠마와 제시는 이미《카인즈 오브 카인드니스》를 통해 서로 알고 있었죠.

라이카트

리허설을 하지 않으면 예측할 수 없는 또 다른 부분은 배우 간의 케미스트리예요. 사람마다 작업 스타일이 다르고… 정말 뭐가 많네요….

란티모스

필름메이킹은 정말 많은 걸 담고 있죠!

Take Only What You Need:
Kelly Reichardt Discusses
The Mastermind with Yorgos Lanthimos
September 17, 2025
Filmmaker

루시 ⓒWendy and Lucy

켈리 라이카트: 노 컷오프(Kelly Reichardt: no cutoff) [1]

잘라내지 않는 둘러보기, 비선언적이고 동시대적인 영화들

김연우

《마스터마인드》의 한 장면, 미술품 애호가이자 실직한 목공인 제임스 무니는 미술관에서 훔친 그림을 외딴 헛간에 숨긴 후 귀가한다. 집 앞에서 낯선 차를 발견한 그는 뒤뜰로 향해 흙범벅이 된 옷을 갈아입은 다음, 현관문으로 들어가 아내와 두 아들을 밖으로 내보낸 후 방문한 형사들을 응대한다. 유명한 판사인 아버지의 이름을 들먹여 상황을 무마하지만, 곧 아내 테리가 던진 자명종을 맞는다. 테리는 말이 없고 영화는 설명하지 않는다. 이쯤에서 하나의 생각이 스친다. 제임스의 환복은 철저히 준비한 위장이 아닌 빨랫줄에 마침 옷이 널려 있었기에 가능한 임기응변이었다. 나는 그 옷을 빨아 넌 사람이 테리였으리라 짐작한다. 형사들의 눈을 속이려던 제임스의 선택이 어쩌면 테리의 의심을 확신으로 만든 건 아닐까. 앞서 영화는 제임스의 부탁으로 천을 미싱한 테리가 아들이 보채는 소리에 저녁을 준비하러 올라가는 모습을 보여주기도 했다. 이 순간들은 강조되지 않고 다만 제임스의 곁에 있다. 별것 아닐지도 모르는 찰나를 돌이키게 되는 건, 켈리 라이카트의 영화이기

때문이다. '라이카트의 영화이기 때문'이라는 말은 첫째로 그가
이제껏 장면과 인물을 그려 온 맥락에서 살폈을 때 그 틈이 보인다는
뜻이다. 둘째로는 그의 영화인 《마스터마인드》의 리듬이 제임스를
따라가며 이러한 장소들을 거쳐 가고 있다는 뜻이다. "관객이 직접
봐야 한다고 생각해요"라는 감독의 말을 되새기며, 아직 한국에서
정식으로 개봉하지 않은 신작을 상세히 묘사하고픈 욕심을 이만
억누른다.

　　《마스터마인드》는 동시대적이다. 영화의 배경인 1970년대와
영화 밖 2020년대 미국의 시대성이 교차된다는 의미만은 아니다.
영화가 재즈풍 연주곡의 박자와 현재진행의 감각으로 둘러보는
당시의 미국에는 징집돼 죽거나 귀환해 트라우마에 시달리는
남성들, 실직한 남성들, 직장과 집에서 노동하는 여성들이 있다.
또한 전쟁 반대 시위와 그 시위를 비난하는 사람들이 있다. 이
비개인적 시대상들은 뉴스를 배경에 틀어두고 미술관 근처의 삶을
꿈꾸던 남자가 어설픈 범죄를 준비하고, 실행하고, 도주하는 여정
사이에 있다. 라이카트의 영화들을 관람하는 행위는 대체로 시간을
체험하는 행위이며, 그 시간은 주변과 연결되어 열린 채 흐른다.
그러므로 그 시간의 리듬은 정도를 타고 나아가는 매끈한 것이
아니라, 잉여(로 보이는) 지점에서 자주 지체하는 울퉁불퉁한 것이다.
이어지는 내용은 그 리듬의 흐름에서 발견되는 어떤 장소들을

정리한 바다.

1. 위기와 지연의 일상[2] , '지나가기passing through'의 정체됨[3]

《올드 조이》에서 이틀의 여행길은 두 친구의 나날이 일시적으로 맞물리는 시공간이다. 이 시공간을 앞뒤로 감싸는 사운드는 마크가 홀로 운전하며 듣는 라디오 방송이다. 차 안에 울리는 정치 대담은 차의 속도로 스치는 바깥 풍경과 묘한 부조화를 이룬다. 마크가 커트와 만나고, 머지않아 영화는 이들이 탄 차가 도로를 달리는 뒷모습에 라디오의 채널이 변경되고 이내 꺼지는 소리를 포갠다. 담론과 해석이 음소거된 자리에 친구들의 대화와 쓸쓸한 멜로디가 띄엄띄엄 채워지고, 이들은 곧 길을 잃은 곳에서 하룻밤을 보낸다. 아빠가 되는 기분을 묻는 커트에게 마크는, "우리는 또 다른 리듬을 찾아낼 거야"라고 답한다. 커트에 비해 안정적이라고 여겨지는 일상을 꾸린 마크가 말하는 리듬이란 생활의 균형일 가능성이 높다. 이를테면 커트의 리듬은 이와 다른, 끊임없이 적응하며 재설정해야 하는 것이라고 적어볼 수도 있다. 그러나 그 '안정'의 경계는 언제고 무너지거나 이동할 수 있는 위태로운 것이다. 커트에게 있어 길에 남기 혹은 정해진 길에서 벗어나기는 예외적인 상황이 아니고, 그 상태는 구획을 넘나드는 자의 능동성이나 떠밀려 내쳐진 자의

수동성 중 하나로 분류되지 않는다. 《올드 조이》는 삶의 경로가
갈라진 두 친구의 '시절인연'을 다만 애도하려는 영화 역시 아니다.
이들을 이분하지 않는 영화는 간극을 얼버무리지도 않는다. 간극은
한 친구만 프레임을 벗어나는 순간이나 상대방의 시야가 닿지 않는
표정에 드리워지고, 두 사람이 헤어진 다음 가장 가까이(또는 멀리)
포착된다. 마크는 다시 라디오를 틀고 운전해 석연찮은 낮으로
귀가한다. 커트는 라디오 방송이 도달하는 '세계'의 범위 바깥에
있다. 그는 (아마 자신과 크게 다른 처지는 아닐) 동전을 부탁하는
남자에게 거절의 사과를 건넸다가, 머뭇거리더니 동전을 내밀곤
거리를 배회한다. 음악도 라디오도 들리지 않는 길 위에서 커트는
두리번거리다 모호한 얼굴로 화면을 나간다.

커트는 어디로 갔을까. 그를 연기한 배우 윌 올덤은 《웬디와
루시》에서 거리의 사람 '이키'로 출연한다. 커트의 이명이라고
한다면 비약이겠으나, 여기엔 연결되는 배회의 감각이 있다. 이키를
비롯해 떠도는 이들이 화면에 낱낱이 담길 때 모닥불은 조명이,
기차의 소음은 배경음악이 된다. 커트의 일상은 이들의 일상과
닿고, 일자리를 구하기 위해 알래스카로 향하다 오리건에 정체하는
웬디의 일상과 맞물린다. 웬디의 일상은 경비원의 일상과 마주친다.
웬디는 자신이 그저 이곳을 거쳐 가고 있을뿐_{passing through}이라고 반복해
말하지만 그를 거쳐 가고 있는 위기가 언제 그를 떠날지, 떠나가긴

할지는 알 수 없다. 사건들이 벌어지고 웬디가 동요해도 '세계'의 톤은 일정하다. 유치장에 있던 웬디는 도중 불려 나가 지문을 다시 찍게 되고, 담당 경찰관은 '이놈의 기계'라고 무방비하게 푸념하는 식이다. 시간은 기약 없이 흐르고 고단하게 지연된다. 동시에 호흡을 가다듬기를 기다려주지 않고 너무나 빨리 굴러간다.(Berlant 2011)[4] 주머니를 전부 털어도 16달러밖에 없는 이들에게 방값은 20달러라고 말하는 모텔 주인(《초원의 강》)처럼, 매일이 도착한다.

1800년대 미국 서부 "개척지"를 배경으로 하는,《믹의 지름길》과 《퍼스트 카우》 속 인물들의 상황은 이와 동일선상에 있지는 않다. 굳이 비교하자면 숲속 나무집에서 사는 쿠키와 킹 루는 비스킷을 구워 팔면 바로 현금을 손에 쥘 수 있다. 훔친 우유로 반죽한 제과를 좌판에서 파는 이들의 일과는 일시적이고 위태롭지만, 땅을 사서 작은 호텔을 오픈하리란 기대는 실행 불가능한 환상은 아니다.《믹의 지름길》에서 황무지 산을 넘는 에밀리 일행의 낙관 역시 무모하고 고되어도 시대를 고려한다면 터무니없진 않다. 그러나 '모 아니면 도'의 위험이 산재하는 이 여정들에 지속가능성은 별로 없다. 우연한 사건들이 이들을 움직이게 하지만, 그 방향이 늘 의도했던 쪽으로 꺾이지는 않는다.《믹의 지름길》에서 믹이 안다고 말하는 지름길이 실재하는지는 알 수 없으나, 1845년 '현재'진행중인 길 잃은 시간은 빨리 감기지 않는다. 강가에서 출발한 일행은 갈수록 메말라가고,

정착지에 대한 기대는 점차 내일 마실 물에 관한 걱정으로 수렴한다. 이들은 너와 나를 돌보며 끊임없이 임기응변해야 한다. 정착지에서 누리는 여유와는 거리가 먼, 임시적이고 정체하는 일상성들. 이 나날은 일정한 지루함이나 무료함보단 불균질하고 막막한 지연감에 닿아 있다.

2. 《웬디와 루시》: 살이$_{living}$의 리듬[5], 허밍이라는 사운드트랙

라이카트는 이런 나날에 놓인 개체들에게 대표성이나 상징성을 입히지 않지만, 그 삶들은 개인적이기만 한 서사로 파편화돼 있지도 않다. 이 영화들은 불안정한 루틴들을, 서로의 루틴이 교차되거나 깨지는 지점의 교감과 간극을 기승전결보단 과정의 이어짐으로 포착한다. 이 포착들은 하루의 살이를 수행하는 누군가(들)의 몸이 움직이는 리듬에 주의를 기울이는 행위이기도 하다. 살이란 생존인 동시에 단지 생존인 것만은 아니며, 그 경청의 제스처는 '영화의 느린 리듬'이라고 이야기되는 바와 때로 닿을 것이다. 한 예로 《웬디와 루시》의 경우 그 살이의 리듬이 사운드트랙이 되어 영화의 리듬과 공명한다. 오프닝을 살피면 기차의 상들이 흐른 후에 웬디와 루시가 숲에서 뛰어노는 장면이 뒤따르는데, 기차 소음이 희미하게 울리는 가운데 웬디의 허밍이 삽입된다. 영화가 진행되면 우리는 실종된 루시를 찾았다는 소식을 들은 직후, 현금 500달러 남짓의 지출 계획을 적으며 콧노래를 흥얼거리는 웬디를 만나게 된다. 마이너스가 가득한 메모지만, 웬디는 예측가능한 빼기들을 적어내려가는 동안 나직한 멜로디를 읊조리며 평정을 유지한다. 하지만 곧 계획에 없었고 재화로 교환되지도 않는 지출을 하게 되거나(벌금) 계획한 지출의 오차가 너무 커지는 바람에 아예 지출을 못하게 된다(차 수리). 이 위기들은 일상과 별개의 것이 아니고, 웬디는 예측불가능한 하루에 루틴의 지표를 찍어 둔다.(Berlant 2011) 보호소에 전화 걸기, 경비원과의 대화, 주유소 화장실에서 하는 세신(이때도 그는 칫솔을 물고 잠시 허밍한다) 등이 웬디의 임시 정거장 역할을 한다. 그 의식적 · 무의식적 리듬 만들기가 영화의 화면에 간헐적으로 드러난 것이, 사운드트랙으로서의 허밍이라고 적어본다. 기찻길 근처 숲에서 잠을 청하다 제대한 군인으로 추정되는 홈리스로부터 위협을 느끼는 웬디에게는 기차의 굉음이 덮인다. 직후 웬디가 숨을 돌리기 위해 달려가는 곳은 루틴의 장소인 화장실이다. 엔딩, 이동 수단 겸 최소한의 사적 공간을 상실한 웬디는 반려를 오리건에 남기고 화물열차에 몸을 싣는다. 영화는 허밍을 지워버리는 대신 다소 잦아든, 기차의 소음과 겹쳐 재생한다. 이러한 상(像) · 삶들은 단정적인 언어로 귀결되지 않는다.[6] '언젠가 도달할 온전한 주체성' 따위를 바라보지 않는 그 허밍은 이를테면, 기약 없이 정체되는 시간과 일상을 조율하며 일시적인 평정을 돕는 불안정한 리듬-ing(행위이자 소리)이다.

웬디의 리듬을 경청하는 영화는 그의 매초를 집요하게 관찰하지는 않는다. 그가 루시의 사진을 인쇄한 전단지를 벽에 붙인 다음 카메라는 웬디를 놓아주고 잠깐 전단지에 머무른다. 이후 다시 웬디를 되찾아 뒷모습을 먼발치에서 바라본다. 마치 은유적 리버스 숏처럼, 다가오는 웬디를 마주 보는 사유지 경비원의 얼굴이 뒤따른다. 달갑지 않은 요청과 함께 처음 등장한 그는 웬디의 상황과 상태를 주시하며, 흔쾌히 휴대전화를 내밀거나 중간에서 연락을 전해주기도 한다. 친족과의 통화가 아닌 이 낯선 노인의 차분하고 기꺼운 태도가 웬디를 견디게 한다. 대가를 바라지 않는 호의로 이어지나, 일방적으로 베푸는 역학을 형성하는 관계는 아니다. 하루 열두 시간을 고정된 자리에서 일하는 경비원과 고정된 거처 없이 경유지에서 정체하는 웬디는 며칠간 서로의 루틴의 일부가 되었다가 헤어진다.

3. 길 위의 느슨한 조우들, 그리고 백/인의 것-이 아닌 것

불균질한 상온의 공기에 잔잔한 바람이 이는 듯한, 어떤 조우들이 일으키는 물결을 라이카트는 꾸준히 살펴 왔다. 언급했던

《웬디와 루시》 속 만남, 《퍼스트 카우》 속 쿠키와 킹 루, 쿠키와 소의 만남을 떠올릴 수 있겠다. 일상에 끼어든 우연한 마주침은 이같이 되풀이될 수도 있고 아닐 수도 있다. 대개 비대칭적이고 향방을 예측하기 어렵다. 그 흐름에서 이루어지는 유대나 교감은 온전한 이해를 바탕으로 공고히 직조되는 것이 아니다. 찰나의 감각과 판단으로 맞물리며 지속될 수도 지속되지 않을 수도 있는 느슨한 것이다. 그 과정에 놓인 장면들은 자주 교차적으로 읽힌다. 《믹의 지름길》에서 케이유스로 추정되는 아메리카 선주민 남성과 에밀리는, 에밀리의 말을 빌리자면 '빚'을 주고받는다. 음식과 물을 건네거나 신발을 꿰매주는 행위는 순수한 호의에서 비롯되지 않았지만, 토마스가 내미는 담요처럼 즉각적이고 특정한 대가를 강요하는 교환물도 아니다. 에밀리는 계산된 호의를 보이고 상대가 어떻게 받아들였는지 모르는 채로 기다린다. "인디언"을 혐오하고 두려워하는 그는 영화가 세운 기준은 아니다. 선주민을 '잔인하고 열등한 집단으로 결정'하고 착취한 미국의 역사에서도 자유롭지 못하다. 그러나 무용담이나 괴담 속 악당이 아닌 실물의 존재와 낯을 맞대는―냄새가 난다고 중얼거리거나 뜻 모를 반응에 인상을 찌푸리기도 하는―일은, 에밀리로 하여금 낯선 언어의 불완전한 번역을 시도하게 한다.

이 비대칭적 관계는 에밀리가 총을 드는 두 번의 장면 사이미세하게 변형된다. 처음 "인디언"을 보았을 때(혹은 보았다고 착각했을 때) 에밀리는 생존의 도구인 땔감을 떨어뜨리고는 겁에 질려 총을 쏜다. 그 응시는 하얗게 오염된 것이기에, 에밀리가 본 상은 뒤따라 삽입되지 않는다. 영화가 끝나갈 무렵 그의 총구는 "인디언"에게 총을 겨눈 믹에게로 향한다. 살리기 위한 제스처에 얽힌 이해관계를 영화는 잘라내지 않는다. 극적 전환의 지양과 복합적인 동기의 인지는《믹의 지름길》이 백인 구원자 서사로 기울지 않는 까닭 중 하나다. 영화는 서서히 "인디언"의 뒷모습이나 협곡에서 마차를 끌어 올리려 애쓰는 백인들을 관전하는 얼굴 등을 보여주되, 설불리 그의 관점을 취하지는 않는다. 마찬가지로 그의 언어를 영어로 번역하지도 않는다. 그는 악당이나 피해자로 규정되지 않으며 신비로운 선지자 역시 아니다. 물의 흔적이지만 물의 근원지는 아닌, 일말의 희망일 수도 아닐 수도 있는 나무 사이로 보이는 ("인디언"의 시점숏이 아닌) 에밀리의 얼굴, 그리고 눈을 마주치고 뒤도는 "인디언"을 보는 에밀리의 시점숏에는, 흰 필터가 조금은 걷힌 듯한 막막한 응시가 있다. 멀어져 가는 상을 놓아주듯 화면은 페이드아웃된다.

　《믹의 지름길》이 교차성 페미니즘의 관점에서 바라볼만한 서부극인 까닭은 여자가 총을 쥐어서가 아니라 총을 쥐는 목적과 방향이 도중 변해서이며, 총을 드는 두 번의 행위가 그 사이를

채우는 여자들의 돌봄 노동보다 '더 중요한 것'으로 다루어지지

않아서일 것이다. 《퍼스트 카우》의 가난하고 힘없는 남자들이

미래를 꿈꾸는 대화를 이어가는 동안, 화면에 이들이 자연스럽게

손에 잡고 있는 노동(청소, 빨래, 베이킹 등)이 들어오는 것도 유사한

맥락에서 살필 수 있다. 현대의 두 반려가 발견한 백골의 주인들에겐

《믹의 지름길》의 길 잃은 시간처럼 현재의 시간이 주어진다. 그

차분한 리듬에는 착취-사유화의 역사$_{History}$와, 거기 종속되지 않는

역사들$_{histories}$이 함께 흐른다. 이를테면 쿠키가 구운 클라푸티가 치프

팩터의 소유가 되기 직전의 패닝. 주된 오디오는 팩터와 캡틴의

대화다. 사람들을 '노동력'으로 수치화하는 토론이 들리는 동안

카메라는 천천히 방을 회전하다 창문에 머무른다. 접시를 들고

다가오는 쿠키와 킹 루가 창 너머로 보인다. 여기서부터 카메라는

그 동선을 좇아 움직여, 기척을 느낀 여성을 거쳐 문에서 멎는다.

팩터의 초대-명령으로 인해 두 사람은 내부에 들어오는데, '중국

시장', '중국 홍차'에 관해 논하는 팩터는 눈앞의 "차이나맨" 킹 루를

없는 사람 취급한다. 이때 영화는 킹 루가 불쾌함이나 머쓱함을

느낀다고 강조하지 않는다. 그의 눈길은 다만 우유가 든 클라푸티와

총을 든 백인을 걱정스레 오간다. 이내 팩터는 제 소유의 소를

자랑하기 위해 남자들을 끌고 밖으로 나가고, 카메라는 따라나가는

대신 영어로 번역되지 않는 두 '아내'의 친밀한 대화를 담는다. 팩터의

통역사이자 그보다 한참 젊은 아내, 팩터가 장식품처럼 두는 나이 든
선주민, 이름이 명시되지 않는 그의 어린 아내. 다층적이고 복잡한
차별과 위계의 역학과 거기 영향을 받으면서도 아주 묶이지는 않는
존재들의 고유성이 모두 둘러보아진다. 모르는 영역을 인지하는
태도는 영화에 여백을 만들고, 여백을 필수로 포함하는 리듬은
시대극과 현대극에 어떤 동시대적 감각을 부여한다.

　　라이카트의 영화들은 이런 방식으로, 백인의 것/인류의
것-이 아닌 것-을 인지한다(논화이트를 서구적 의미의 '자연'과 더
가까운 것으로 둔다는 뜻은 아니다). 오래전부터 아메리카에서
'실뜨기'(Haraway 2016)를 해온 인간과 비인간 주민들의 역사들을.
카메라가 둘러보는 길에서, 거기 있어 왔던 것들이 포착된다.
《어떤 여자들》에서는 쇼핑몰을 걷는 로라와 선주민들의 공연이
서로를 지나친다. 제이미가 TV를 보고 있으면 우주 다큐멘터리의
내레이터가 "탐험되길 기다리는 개척지"라고 말한다. 그는
밤거리에서 '카우보이 모자'가 얹힌, 백인을 닮은 마네킹이
전시된 쇼윈도를 스치기도 한다. 물론 제이미의 캐릭터는 에스닉
헤리티지로 정의되지 않는다. 이는 인물이 그러한 순간들과 교차될
수밖에 없다는 사실을 잘라내지 않음에 가깝다. 그런가 하면《쇼잉
업》은 예술 학교 학생들이 실을 뜨거나 베를 짜는 행위를 유심히
살피고, 전통 의상을 입고 초상화 모델을 서는 노인에게 시선을 둔다.

《쇼잉 업》은 꾸준히 학생-예술가들의 작업을 관찰한다. 이런 군상 촬영은 라이카트의 작품에서 아주 새롭지는 않다. 《어떤 여자들》의 카메라는 식당에서 일하거나 식사하는 익명의 사람들을 거쳐 가고, 《퍼스트 카우》의 카메라는 쿠키와 킹 루가 장사하는 좌판 주위의 인간/비인간들에게 자주 머무른다. 《쇼잉 업》에서 어느 정도 두드러지는 점이 있다면, 열린 문을 통해 서로를 간섭하는 내외부의 느슨한 분리와 연결에 주목한다는 점이다. 밖에서 안을 들여다보거나, 야외로 통하는 문턱에 걸터앉은 누군가의 뒷모습을 실내에서 담는다. 화덕을 들여다보는 학생의 시점숏이 있는가 하면, 화장실에 다녀오는 듯 복도와 문을 통과해 교실로 들어와 포즈를 취하는 누드 크로키 모델의 동선을 찍기도 한다. 이와 무관하지 않게 《쇼잉 업》은 리지를 화자로 두고 진행되다가도 그와의 정서적 연결성을 내려놓았다가 돌아오곤 한다. 발코니에 선 리지의 위치에서 조를 내려다보다가, 타이어를 굴리며 뛰는 조를 따라간 다음 조에게 다가온 리지와 재회하는 식이다. 또는 보더들의 속도로 도로를 달리다 멈추어, 리키의 밥을 사러 다녀오는 길에 작품 재료를 탐색하는 리지와 재회하는 식. 후반부의 한 이음새를 보자: 리지의

동요가 조에게 보내는 음성메시지라는 형태로 일부 분출될 때까지,
화면에는 무언가 폭발할 듯한 공기가 축적된다. 그러나 이튿날
조와 리지의 말다툼 이후, 영화는 리지와 분리돼 학교 쉼터에서
대화하거나 작업하는 학생들을 보여주길 택한다. 그 끝에 런치
루틴을 행하는 리지의 얼굴에 다다른다. 《쇼잉 업》은 리지의 지체될
수 없는 일주일을 다루지만 리지의 리듬을 따르지는 않는다. 그가
타인들의 리듬 사이로 움직이며 매일을 조율하는 과정들을 보여줌에
가깝다.

실을 뜨고 베를 짜는 동작을 유심히 둘러보는 영화의 시간에서,
리지와 비둘기의 실은 엉킨다.[78] 바쁜 일주일에 끼어든 반려 아닌
동물은, 추가된 일거리이기만 한 것은 아니다. 계획에 없던 상황에
둘러싸인 리지의 집 주방은 일과 휴식과 돌봄이 공존하는, 조절할
수는 있지만 통제는 어려운 공간이 된다. 영역을 침범당한 고양이와
낯설고 좁은 구역에 묶인 비둘기의 말소리가 섞여 울리는 가운데
리지는 인체 소조를 매만진다. 세 존재의 불협화음을 감지하는
예술가의 손을 거친 작품들에 그 틈입과 얽힘의 흔적이 있지는
않을까. 정해진 시간의 끝에 《쇼잉 업》이 도달하는 곳은 완성된
결말보단 하나의 장면이다. 어린이들에 의해 붕대가 풀려 (지구의
입을 내야 한다고 땅을 파던) 션의 손을 경유해 날아가는 비둘기.
리지와 조는 그 궤적을 따라가다 자연스레 대화를 이어간다.

비둘기의 시점숏이라 단정할 수 없는, 멀어지는 두 인간의 뒷모습에
-"I'm just fine."(지나, 《어떤 여자들》)과 같은 자의적 번역이나 투사가
불가하며 실은 바로 그 비둘기의 것인지조차 확언하기 어려운-
비둘기의 말소리가 겹친다.

5. 둘러보아지고 나타난 장면들, 비선언적이고 동시대적인 영화들

한 면이 그을린 리지의 작품과도 같이, 라이카트의 영화들이
다다르는 장면들은 불완전한 과정의 연쇄로 인해 나타난_{show up}
것이자, 자체로 또 다른 과정이 되는 순간들이다. 《어떤 여자들》,
어느 날 밤 제이미는 무심코 한 건물로 들어간다. 나이 든 백인
교사들 뒤편에 앉은 작업복 차림의 비(非)백인 젊은이는 "우리 모두
서로를 알아요"의 '우리'에 포함되지 않는다. 그렇다고 제이미가
거리를 걷다 들여다보는 '내부'에 속하고 싶어 하는 것 같지는
않다. 그는 베스가 남긴 버거를 사양하고, 식당을 나와 슈퍼에
진열된 버거를 사서 운전하며 베어 문다. 제이미의 고유성은
베스를 바라보는 눈빛만큼이나 목장에서 일하는 몸짓과 운전하는
손놀림에도 묻어나고, 그 리듬은 잡음이 섞인 라디오 소리나 트럭
엔진의 진동과 때로 닿는다. 여유의 동의어가 아닌-여백이 있는
제이미와 일종의 과잉 상태에 있는 베스 사이엔 간극이 자리한다.

말의 등에 올라 한적하고 어두운 도로를 이동할 때, 두 사람은 잠깐 말의 속도로 연결되었다가 엇갈리는 것처럼 보인다. 이 장면에 있는 로맨틱함의 성질은 단정적이지 않고, 만남은 낭만화되거나 비극화되지 않는다. 두 여자의 경로가 어긋나는 찰나가 조명될 뿐이다. 제이미는 목장으로 돌아가 말들을 돌보고, 인간 둘과 말 하나가 공유한 밤길은 흔적으로 남는다.

《퍼스트 카우》로도 향해 본다. 불운한 마지막 우유 도둑질이 시작될 무렵, 영화는 잠시 쿠키와 킹 루에게서 시선을 거두고 팩터의 하인으로 일하는 남자의 취침 전 루틴을 살핀다. 백인 권력자의 사유지에서 저만의 리듬으로 하루를 마무리하던 도중, 그는 쿠키와 킹 루의 실루엣을 본다. 뒤따르는 추격전에는 그다지 서스펜스가 없다. 와중 숲속 주민들은 저마다의 일과를 보낸다. 쿠키와 킹 루 사이엔 거대한 구원의 서사가 쓰이지 않는다. 이심전심으로 통하지 않는, 하마터면 엇갈릴 뻔했던 두 친구는 서성이다 재회해 나란히 잠든다. 엔딩, 카메라의 느린 움직임에는 해석되지 않는 여운이 있다. 킹 루는 지친 쿠키 곁에 기댄다. 카메라는 킹 루의 시점으로 쿠키를 담고, 킹 루의 얼굴을 잇는다. 그의 시선은 내려가 손에 든 돈주머니에서 멎는다. 들고 떠나기라도 하려는 걸까. 하지만 킹 루는 주머니를 베개 삼아 눕는다. 아마도 이들의 의식과 함께, 영화는 툭 끊어진다.

이런 것들이 내가 묘사하고 정리하려 시도한 둘러보기다. 이 영화들이 '잘라내지/단절되지~cutoff~ 않는다'는 말은, 동일한 강도와 농도로 샅샅이 훑는다는 말이 아니다. 비어 있는 것처럼 보이는 어딘가에 머무르며 실은 거기 있었던 무언가를 화면에 엮어 열린 리듬을 연주한다는 의미에 가깝다. 이 리듬은 현재가 늘 타 시제와의 관계 안에서 존재함을 이해하고, 매끈하게 분절된 덩어리보단 자잘한 점과 선들이 뒤얽힌 형태의 세계를 바라본다. 라이카트의 영화들은 규정과 분류를 마친 역사의 틈에서, 틈을 열어둔 채 흐르는 어떤 이야기들을 현재진행의 감각으로 재생한다. 이러한 태도와 실험은 비선언적이면서 극도로 동시대적이다. 지름길 없이 지연되는 시간 위에서, 안정된 일상이라는 모호한 테두리 근처에서, 거대한 액션보다는 리액션과 결과의 연쇄들에서, 지나치거나 교차되는 타자들과 실을 엮는 행위(혹은 실이 엉켜버리는 사고)에서, 구획되지 않는 장면이 남긴 흔적을 발견한다.

1   Ion Cinema에서 'No Cutoff: Reichardt & Michelle Williams Continue
     Creative Collab in 2015'라는 제목의 기사를 낸 적이 있음을 확인했다. 켈리
     라이카트와 미셸 윌리엄스의 꾸준한 협업을 'no cutoff'라는 워딩을 통해
     표현한 것으로 보인다.
     URL: https://www.ioncinema.com/news/casting-news/no-cutoff-
     reichardt-michelle-williams-continue-creative-collab-in-2015 (접속일
     2025.12.19)

2   "위기 일상성crisis ordinary"에 관한 이해는 로런 벌랜트의 저서를 참고했다.
     "위기로 인해 형성된 답보 상태impasse로서의 일상성"이 있는, "다수의
     역사[이야기]histories가 수렴하는 영역으로서의 일상"에서, "사람들은 그들이
     상상하는 좋은 삶에 위협이 가해지는 가운데서 속개되는 지리멸렬한 삶을
     견뎌 나간다."
     - 로런 벌랜트, 『잔인한 낙관』, 윤조원·박미선 역, 후마니타스, 2024. (p.22-
     24)

3   이와 관련해, 앞서 다음의 표현들이 쓰였음을 확인했다: "목적지보다
     경유지가 중요한 기이한 로드무비"[2018, 장영엽], "한없이 느리게
     흘러가는 현재의 시간"[2020, 네이버 블로그 '캄파넬라'], "움직이지 않는
     로드무비"[2024, 김민세]
     장영엽(2018.02.20), KMDb-한국영화데이터베이스, URL: https://
     www.kmdb.or.kr/story/9/1265 (접속일 2025.12.19)
     캄파넬라(2020.10.31), '이정표 없는 삶: 켈리 라이카트의 영화', 네이버
     블로그, URL: https://blog.naver.com/nicampanella/222131481997 (접속일
     2025.12.19)
     김민세(2024.08.16), '움직이지 않아도 괜찮다고 말하는 로드무비', 「코아르」,
     URL: http://t402.ndsoftnews.com/news/articleView.html?idxno=2873
     (접속일 2025.12.19)

4   "지속되는 시간의 잔인한 현재 진행성". - 로런 벌랜트, 『잔인한 낙관』,
        윤조원 · 박미선 역, 후마니타스, 2024. (p.115)

5   이 부분도 『잔인한 낙관』에서 아이디어를 얻었다. 그레그 보도비츠의 영화
        《습관》에 관한 비평의 한 대목에서 로런 벌랜트는 위기적 현재를 사는
        이들이 "의례가 된 습관"을 수행하는 방식에 주목한다.
        - 로런 벌랜트, 『잔인한 낙관』, 윤조원 · 박미선 역, 후마니타스, 2024. (p.116-
        120)

6   다음의 표현들과 내 이해가 만날 것이다: "다 잘 될 것이라는 낙관도, 모든
        가능성을 닫아버리는 비관도 없이 그저 계속될 삶을 비추는 그런 작은
        빛"[2019, 손시내], "결핍의 정서가 섣부른 희망이나 허무주의 그 어느
        쪽에도 매몰되지 않는 길"[2021, 임수연]
        손시내(2019.12.16), '시간의 길, 켈리 레이차트', 「여성영화, 읽는 즐거움 :
        퍼줌」, URL: https://purzoom.com/article_detail.php?articleId=3 (접속일
        2025.12.19)
        임수연(2021.11.09), '동시대 미국영화의 가장 드물고 귀한 실천', 「씨네21」
        1330호,   URL: https://cine21.com/news/view/?mag_id=99008 (접속일
        2025.12.19)

7   '실뜨기string figures', '실의 얽힘/엉킴' 등의 표현은 도나 해러웨이에게서
        빌려왔다. 그가 실뜨기와 관련해 "첫 가이드"로 언급하는 사례가
        비둘기(p.34-51)이기도 하다.
        - 도나 J. 해러웨이, 『트러블과 함께하기: 자식이 아니라 친척을 만들자』,
        최유미 역, 마농지, 2021.

8   이에 관해 남다은 평론가는 리지가 집에 들어온 비둘기를 발견하기
        직전, 침실에서 작업실을 잇는 이질적인 편집을 짚은 바 있었다. "공간의

폐쇄성을 흔들어 차단막을 '영화적으로 무너뜨려보는" 그 시도와 함께, 살짝 열린 셔터의 경계 밖 "예쁜 그림"에 속했던 비둘기가 "불편한 실체"로 도착한다고 그는 적는다. 부분 인용을 이으면, 비둘기가 끼어든 리지의 "일상의 토양"은 "조금 확장된"다.
남다은(2025.01.21), '어제와 다른 오늘,《쇼잉 업》', 「씨네21 1491호, URL: https://cine21.com/news/view/?mag_id=106809 (접속일 2025.12.19)

1994
초원의 강
River of Grass
76분
출연: 리사 보우먼, 래리 페센든
각본: 제시 하트먼, 켈리 라이카트
촬영: 짐 디널트
제작: 래리 페센든, 제시 하트먼, 수잔 A. 스토버
편집: 래리 페센든

1999
송가(단편)
Ode
48분
출연: 헤더 고트립, 케빈 풀
각본: 허먼 라우처, 켈리 라이카트
촬영: 켈리 라이카트
제작: 수잔 A. 스토버
편집: 필립 해리슨

2006

올드 조이

Old JOy

76분

출연: 다니엘 런던, 윌 올덤, 루시

각본: 조너선 레이먼드, 켈리 라이카트

촬영: 피터 실렌

제작: 토드 헤인즈, 조슈아 블룸, 라젠 사브나이

편집: 켈리 라이카트

-제35회 로테르담 영화제 타이거상

2008

웬디와 루시

Wendy and Lucy

80분

출연: 미셸 윌리엄스, 루시, 웰리 댈튼, 윌 패튼, 존 로빈슨, 윌 올덤

각본: 조너선 레이먼드, 켈리 라이카트

촬영: 샘 레비

제작: 토드 헤인즈, 조슈아 블룸, 필 모리슨, 라젠 사브나이

편집: 켈리 라이카트

-제61회 칸 영화제 주목할 만한 시선 / 팜도그상

2009

트래비스(단편/실험영화)

Travis

12분

덴 어 이어(단편/실험영화)
Then a Year
14분

2010
믹의 지름길
Meek's Cutoff
104분
출연: 미셸 윌리엄스, 브루스 그린우드, 폴 다노, 윌 패턴, 조이 카잔
각본: 조너선 레이먼드
촬영: 크리스 블로벨트
제작: 토드 헤인즈, 필 모리슨, 라젠 사브나이, 닐 코프
편집: 켈리 라이카트
-제67회 베니스 영화제 경쟁 부문

-카이에 뒤 시네마 선정 2010년 Top10 8위

2013
어둠 속에서
Nights Moves
112분
출연: 제시 아이젠버그, 다코타 패닝, 피터 사스가드
각본: 조너선 레이먼드, 켈리 라이카트
촬영: 크리스 블로벨트
제작: 토드 헤인즈, 래리 페센든, 알레한드로 데 레온, 새롬 킴
편집: 켈리 라이카트

-제70회 베니스 영화제 경쟁 부문

2016
어떤 여자들
Certain Women
107분
출연: 미셸 윌리엄스, 로라 던, 크리스틴 스튜어트, 릴리 글래드스톤
각본: 마일리 멜로이, 켈리 라이카트
촬영: 크리스 블로벨트
제작: 토드 헤인즈, 래리 페센든, 크리스 캐럴, 네이선 켈리
편집: 켈리 라이카트
-카이에 뒤 시네마 2017년 Top10 3위

2019
퍼스트 카우
First Cow
122분
출연: 존 마가로, 오리온 리, 토비 존스
각본: 조너선 레이먼드, 켈리 라이카트
촬영: 크리스 블로벨트
제작: 엘리 부시, 크리스 캐럴, 루이스 러브그로브, 스콧 루딘
편집: 켈리 라이카트
-제70회 베를린 영화제 경쟁부문

-카이에 뒤 시네마 2019년 Top10 1위

아울(단편)
Owl
4분

2021
Bronx, New York, November 2019 /
Cal State Long Beach, CA, January (단편/미디어 아트)
10분/9분

2022
쇼잉 업
Showing Up
107분
출연: 미셸 윌리엄스, 홍 차우, 안드레 3000, 존 마가로
각본: 조너선 레이먼드, 켈리 라이카트
촬영: 크리스 블로벨트
제작: 닐 코프, 아니쉬 사브나이
편집: 켈리 라이카트
-제75회 칸 영화제 경쟁부문

-카이에 뒤 시네마 선정 2023년 Top10 10위

2025
마스터마인드
The Mastermind
110분

출연: 조쉬 오코너, 알라나 하임, 존 마가로, 호프 데이비스
각본: 켈리 라이카트
촬영: 크리스 블로벨트
제작: 에페 카카렐, 자네 메이어, 제이슨 로펠, 샘 티슬러, 닐 코프, 아니쉬
　　　사브나이
편집: 켈리 라이카트
-제78회 칸 영화제 경쟁부문

김연우(글)
비공식적으로 영화와 음악 등에 관한 글을 써 왔다.
2025년부터 공식적으로 영화 리뷰와 비평을 쓰고 있다.

강탄우(옮긴이·엮은이)
충북대학교 심리학과를 중퇴하고 한국외국어대학교 독일어과를 졸업했다.
졸업 후 에무시네마 코디네이터로 일했다. 현재 시네필 문화 활성화를 위한
다양한 활동, 그리고 우리 시대 작가 감독을 조명하는 도서 출판을 기획 중이다.

켈리 라이카트 : 어떤 여자와 어떤 영화들
초판 1쇄 2026년 2월 3일
펴낸이 : 강탄우
펴낸곳 : 코프키노
편집 : 강탄우
표지디자인 : 이하은 (lhe4604@naver.com)
등록 : 2025년 1월 8일, 제 306-2025-000001
주소 : 서울시 중랑구 중랑역로 13길, 8-1 1층 우 코프키노
홈페이지 : instagram.com/books_by_kopfkino
전자우편 : twtw9808@gmail.com
ISBN : 979-11-991189-1-1 (03680)